说与做

皆定成败

张艳玲◎编著

民主与建设出版社

图书在版编目（CIP）数据

说与做皆定成败 / 张艳玲编著. -- 北京：民主与建设出版社，2017.8

ISBN 978-7-5139-1276-1

Ⅰ.①说… Ⅱ.①张… Ⅲ.①成功心理 – 青年读物 Ⅳ.①B848.4-49

中国版本图书馆CIP数据核字（2017）第192939号

说与做皆定成败

SHUO YU ZUO JIEDING CHENGBAI

出 版 人：李声笑
编　　著：张艳玲
责任编辑：王　倩
出版发行：民主与建设出版社有限责任公司
电　　话：（010）59419778　59417747
社　　址：北京市海淀区西三环中路10号望海楼E座7层
邮　　编：100142
印　　刷：三河市天润建兴印务有限公司
版　　次：2017年10月第1版
印　　次：2018年5月第2次印刷
开　　本：710mm×1000mm　1/16
印　　张：15
字　　数：130千字
书　　号：ISBN 978-7-5139-1276-1
定　　价：36.80元

注：如有印、装质量问题，请与出版社联系。

前言
PREFACE

　　无论是古代朝堂还是如今社会交际，不会说话、不会办事的人都难成大事，能做成大事的人，一定是在做人和做事方面有其独特的人格魅力。因此，可以说会做人、善做事，这是影响一个人一生成败的重要因素。

　　"人"这个字，虽然笔画简单，理解起来也并不难，我们每个人几乎都需要从小写到老，也从小做到老，然而，写起来容易做起来难。鲁迅先生曾著文《世故三昧》，发出感叹："人世间真是难处的地方，说一个人'不通世故'固然不是好话，但说他'深于世故'也不是好话。"可见做人之不易，成事之难。这个难，其实在于"度"的把握。会说话能把事情做得更好，好口才能帮你更好地表达人生。一个会说话的人能够做到用语言解除危机、警惕语言忌讳与陷阱，清楚地知道跟什么人说什么话，什么场合适合说什么话，营造轻松和谐的人际氛围。

　　可是不少人在交际中有这样的困惑：有些话说了，有些事办了，但并不见得结果是好，有些话不说，有些事不办，也不一定是好事。很多时候，一件事，怎样说，怎样做，什么时候说，什么时候做也大有学问。说话和办事并

前 言
PREFACE

不是两个独立的过程，我们在生活中应该灵活运用。一件事情是否能办成在很大程度上与会不会说话有关；而一句话是否说得恰当，又与一个人的性格、情绪、修养和阅历等有很大的关系。如果我们从一开始就重视学习说话、办事的技巧，非常有利于未来事业空间的拓展。

当今是一个生活节奏快的年代，一俯一仰之间就可以物是人非。虽然每个人都对有一个成功的未来充满了渴望，然而，成功之路通常情况下并不那么顺畅。你究竟怎么做才能尽可能地扫清成功路上的拦路虎？怎样才能让自己在说话做事方面更加成熟、更加完善，将一个更好的自己呈现在大家面前，让成大事的路更顺利？

这本励志经典《说与做皆定成败》，献给步入社会不久的年轻人，主要从说话技巧和办事策略两个方面来告诉大家，在为人处世中应该重点注意的问题。不仅如此，书中还运用了一些心理学理论，并用真实的案例让大家在阅读中产生共鸣，进而学习模仿，学到实用的说话与办事技巧。

目　录
CONTENTS

第三章

做事先做人

第四章

办事要低调

第一章
会说话才能积累好人脉

  一个人说话的水平代表着他做事的水平，决定着他成事的高度。就说话而言，方则针锋相对、有理有据，圆则通融达变、八面玲珑。方圆互用，于小处可广交友、赢人气，于大处可惊天地、泣鬼神。

01 学会说话
从学会倾听开始

学会倾听，对于每个人来说都是很有意义的。

根据人性的知识，我们知道，人们往往对自己的事情感兴趣，对自己的问题更关注，更喜欢自我表现。一旦有人专心倾听我们谈论我们自己时，就会感受到自己被重视。这是一种十分微妙的自我陶醉的心理：有人愿意听就觉得高兴，有人乐意听就觉得感激。

然而，很多人在和别人谈话时，总喜欢自卖自夸，喋喋不休，让对方在大多数时间里都听自己说，不放过任何一个表达自己思想的机会，以为这样就能说服对方。在方圆者看来，这种做法是错误的。说话从来就是两个人的事情，我们需要通过谈话，来了解别人、说服别人，其最基本的前提是让对方也有足够的机会表达自己。在大多数时候，他对自己的了解比别人多很多，而且如果你给他的印象是表现欲太强，那么他就可能会认为你对他丝毫不在意，因而也会对你所说的内容不予关注。因此，你应该善于倾听别人的话语，掌握高超的方圆说话艺术。

此外，倾听是解决冲突、矛盾、处理抱怨的最好方法。一个牢骚满腹、怨气冲天甚至最不容易对付的人，在一个有耐心、同情心的倾听者面前常常会软化而通情达理。

戴尔·卡耐基到处演讲，举办讲座。来听的人成千上万。他们中有大学教授、大学生、商业管理人员、市民等，还有不少是社会上的知名人士。卡耐基的演说获得了极大成功。

他的演说的成功不仅仅是他的学识渊博，旁征博引，妙语连珠，更主要的是他把他的理论——演讲、交际的各种技巧——巧妙地融合到他的演讲之中，打动了听众的心。

卡耐基的名声远播到欧洲，欧洲的有些地方就邀请他去做演讲，卡耐基有了一次欧洲之行。

从欧洲回来之后，一天，卡耐基的朋友邀请他参加桥牌晚会。

在这个晚会上，只有卡耐基和另外一位女士不会打桥牌，他俩坐在一旁便闲聊上了。

这位女士知道卡耐基前不久刚去过欧洲，于是就对卡耐基说："啊，卡耐基先生，你去欧洲演讲，一定到过许多有趣的地方，欧洲有很多风景优美的地方，你能讲讲吗？要知道，我从小就梦想着去欧洲旅行，可是到现在我都不能如愿。"

听完这位女士的开场白，卡耐基就知道这位女士是一位健谈的人。他知道，如果让一位健谈的人长久地听别人讲他到过的许多风景优美的地方的情况，那就如同受罪，心中定是憋着一口气，并且不时要打断你的谈话，或者对你的话根本毫无兴趣。他明白这位女士想从自己的话中寻找一些契机好帮助她能够开始自己的谈话。

卡耐基刚进晚会时听朋友介绍过她，知道她刚从南美的阿根廷回来。阿根廷的大草原景色秀丽，到那个国家去旅游的人都要去看看的，而且每个人都有自己的一番感受。

于是他对那位女士说："是的，欧洲有许多有趣的地方，风景优美的地方更不用说了。但是我很喜欢打猎，欧洲打猎的地方就只有一些山，是非常危险的。那里没有大草原，要是能在大草原上一边骑马打猎，一边欣赏秀丽的景色，那该多惬意呀……"

"大草原？"那位女士马上打断卡耐基的话，兴奋地叫道，"我刚从南美阿根廷的大草原旅游回来，那真是一个有趣的地方，好玩极了！"

"真的吗，你一定过得非常愉快吧。能不能给我讲一讲大草原上的风景和动物呢？我和你一样，也十分向往大草原呢。"

"当然可以，阿根廷的大草原可……"那位女士看到有了这么好的一个倾听者，当然不会放过这个机会，滔滔不绝地讲起了她在大草原的旅行经历。然后又在卡耐基的引导下，她接着讲了布谊诺斯艾利斯的风光和她沿途旅行的国家的风光，甚至到了最后，变成了她对自己这一生去过的美好地方的追忆。

卡耐基一直在旁边耐心地聆听着，并时不时地点点头鼓励她继续讲下去。那位女士一直讲了一个多小时，然后晚会就结束了，她余意正浓地对卡耐基说："卡耐基先生，下次见面我继续给你讲，还有很多很多呢！谢谢你让我度过了这样美好的一个夜晚。"

在这一个多小时中，卡耐基只说了几句话，然而，那位女士却向晚会的主人说："卡耐基先生真会讲话，他是一个很有意思的人，我非常愿意和他在一起。"

其实卡耐基知道，像这位女士这样的人，事实上根本不想从别人那里听到讲些什么，她所需要的仅仅是一双认真聆听的耳朵。她想做的事只有一件：倾诉。她很想把自己所知道的一切全都讲出来，如果别人愿意听的话。对于这种谈话者，最好不要自以为是，卖弄口才，堵住她们的嘴巴，那只会赢来打哈欠的嘴巴和厌烦的表情。

如果对方喜欢表现自己，你就尽量保持沉默倾听；等你发表你的意见时，他也会欣然地聆听了。通常打岔会令对方生气，以致阻碍了意见的交流。

倾听是你表现个人魅力的大好时机，你以你的倾听表示你对别人的尊重。卡耐基建议："只要成为好的倾听者，你在两周内交到的朋友，会比你花两年工夫去赢得别人注意所交到的朋友还要多。"大卫·舒瓦兹在《大思想的神奇》一书中提到："大人物独揽倾听，小人物独揽讲话。"

所以，在别人说话的时候，静静地听着，不时加以回应，如点头或者微笑，在对方没有讲完以前不去打断他，这是一件非常非常受欢迎的事。

心理学家已经证实：倾听可以减除他人的压力，帮助他人清理思绪。倾听对方的任何一种意见或议论就是尊重，以同情和理解的心情倾听别人的谈话，是维系人际关系，保持友谊的最有效的方法。

美国南北战争曾经陷入一个困难的境地，当时身为美国总统的林肯，心中有来自多方面的压力。他把他的一位老朋友请到白宫，让他倾听自己的问题。

林肯和这位老朋友谈了好几个小时。他谈到了发表一篇《解放黑奴宣言》是否可行的问题。林肯一一检讨了这一行动的可行和不可行的理由，然后把一些信和报纸上的文章念出来。有些人怪他不解放黑奴，有些人则因为怕他解放黑奴而谩骂他。

在谈了数小时后，林肯跟这位老朋友握握手，甚至没问他的看法，就把他送走了。

这位朋友后来回忆说：当时林肯一个人说个不停，这似乎使他的心境清晰起来。并且，林肯在说过这些话后，似乎觉得心情舒畅多了。

当时遇到巨大麻烦的林肯，不是需要别人给他忠告，而只是需要一位友善的、具同情心的听者，以便减缓心理上的巨大压力，解脱思想上的极度苦闷。

成为一名好的听众在企业界有很大的功效。倾听他人的声音，就能真实地了解他人，增加沟通的效力。一个不懂得倾听的人，通常也是一个不尊重别人的观点和立场、缺乏协调性的人，这种人不可避免地会引起他人的反感。譬如说，一名推销员向某位顾客推销时，对顾客提出的种种问题表示关切，顾客就会感到很开心。见到此状，推销员应进一步表现出自己是很好的听众，此时，顾客不仅乐意讲，也愿意让你听他讲，这是一种互惠的关系，而这也是推销成功的第一步。无论是哪一种顾客，对于肯听自己说话的人都特别有好感。

一家食品公司的推销员刘先生深知倾听的重要性。一天，他带着自己的芦荟精来到一个顾客家里。他先把芦荟精的功能和效用非常详细地告诉了这位顾客，但是无论他怎么描述，对方始终无动于衷。等刘先生正准备向对方告辞的时候，突然看到阳台上摆着一盆美丽的盆栽，上面种着紫色的植物。刘先生灵机一动，向那位女士请教说："好漂亮的盆栽！平常似乎很难见到呢！"

"确实很罕见。它叫嘉德里亚，是兰花的一种。一般人很难见到它，它的美，在于优雅。"女士不无骄傲地解释道。

"的确如此。那会不会很贵呢？"刘先生接着问道。

"很贵。光这一盆就要800元。"女士从容地说。

"什么？要800元那么多？"刘先生故作惊讶地说。他一面又想："芦荟精也是800元，大概有希望成交。"他于是慢慢地把话题转入了重点："那每天都要浇水吗？"

"是的，这么贵重的花，当然需要精心照顾。"

"那么，这盆花也算是您家中的一分子了？"刘先生还是饶有兴趣地问道。女士见刘先生这么有心，竟然开始倾囊传授关于养育兰花的学问，而刘先生也是聚精会神地听着。

过了一会儿，刘先生很自然地把自己的想法提了出来："太太，您这么喜欢兰花，一定对植物有很深的研究。可以看出来，您是一个高雅的人。同时，您肯定也知道植物带给人类的种种好处。而我们的天然食品也正是从植物里提取的精华，是纯粹的绿色食品。太太，今天就当做买一盆兰花，把我的产品买下来吧！"

结果，女士竟然非常爽快地答应了下来。她一边打开钱包，一边还说："即使是我的丈夫，也不愿意听我唠唠叨叨地讲这么多。你却愿意听我讲，还能理解我。改天，如果你养兰花遇到什么问题，可以随时来找我。"

可见，能成为一个好的听众，有助于建立融洽的人际关系，善于倾听等于向成功迈进了一大步。

在美国，曾有科学家对同一批受过训练的保险推销员进行研究。这批推销员接受同样的培训，业绩却差异很大。科学家抽取其中业绩最好的10%和最差的10%作对照，研究他们每次推销时自己开口讲多长时间的话。研究结果很有意思：业绩最差的10%，每次推销时说话的时间累计为30分钟，业绩最好的10%，每次说话的时间只有12分钟。

为什么只说12分钟的推销员业绩反而高呢？很显然，他说得少，自然听得多，听得多，对顾客的各种情况、疑惑、内心想法自然了解很多，他会采取相应措施去解决问题，结果业绩自然优秀。

日本的"经营之神"松下幸之助就特别善于倾听。他说，如果你手下的人提的意见、建议你都不听，那长此以往，他们就不愿再提了，脑子也不愿开动了。因为提了也没有用，听你的不就完了吗！这样做，手下的人还有积极性吗？智慧还能激发出来吗？显然不行，这样公司会死气沉沉的。

善于倾听，还能使你有好人缘。为什么？因为一般人喜欢讲，不善于听。因此，他喜欢讲，你正好喜欢听，那自然是一种特别和谐、特别美妙的组合。

善于倾听，意味着要有足够的耐心对别人的话题感兴趣。如果你认为生活像剧院，自己就站在舞台上，而别人只是观众，自己正在将表演的角色发挥得淋漓尽致，而别人也都注视着自己，那你会变得自高自大，以自我为中心，也永远学不会聆听，永远无法了解别人。

从现在开始，多听多看别人，你将发现你比以往任何时候更受欢迎。

02 投其所好是建立
   良好关系的基础

在这个社会上，会捧人的人，肯定比较吃香，办起事来自然也就顺利多了。当一个人听到别人捧他时，心中总是非常高兴，脸上堆满笑容，口里连说："哪里，我没那么好。你真会讲话！"即使对方明知你有意捧他，却还是没法抹去心中的那份喜悦。

爱听好话是人的天性，虚荣心是人性的弱点。当你听到对方的吹捧和赞扬时，心中自然而然就会产生一种莫大的优越感和满足感，也就会高高兴兴地听从对方的建议。要想在办事时求人顺利，就要澄清自我的主观意识，尽快地养成随时都能捧别人的习惯。俗话说，"习惯成自然"，当捧别人已经变成你的习惯时，你的办事能力就会相应提高。当然，捧别人一定要合宜。

太明显地吹捧他人，往往会引起他人的反感和猜忌，使他对你有所防备，结果适得其反。那么，如何才能不露痕迹地把别人哄得舒舒服服呢？

清末红顶商人胡雪岩说："出自真心的赞美，捧人捧得非常真诚，不露痕迹，使被捧的人特别高兴。"可见，要想捧人成功，就要拿出点诚意来，而不是奴颜婢膝，一脸谄笑，应该出自真心，做得不露痕迹。

我们知道乾隆皇帝很喜爱文史，对文史的整理工作非常重视，他想给后世留下经典著作。和珅对"四书"读得滚瓜烂熟，因为乾隆喜爱"四书"，经常会提一些"四书"的问题，不管是坐在銮舆内，还是散步时，乾隆随时都会提问，而和珅总能脱口而出，并有独到的见解，于是乾隆便认为和珅很有学问，和珅也正是靠这种本事在担任了户部侍郎、军机大臣、内务府大臣、步军统领、崇文门税务监督之后，又升为户部尚书、议政大臣，最后还充任了四库全书馆正总裁。这样一来，和珅就成了最有"学问"的大臣了。

刊印"二十四史"时，乾隆非常重视，常常亲自校勘，每校出一处差错来，便觉得自己做了一件了不起的事，心中很是痛快。

和珅和其他大臣为了迎合乾隆的这种心理，就在抄写给乾隆看的书稿中，故意在明显的地方抄错几个字，以便让乾隆校正。这是一个奇妙的方法，这样做既显示了乾隆学问的高深，也比当面奉承他学问深能收到更好的效果。

皇帝改定的书稿，别人就不能再动了，但乾隆也有改不到的地方，于是，这些错误就传了下来，今天见到的殿版书中常有讹处，有不少是这样形成的。

和珅工于心计，头脑机敏，善于捕捉乾隆的心理，总是选取恰当的方式，以博取乾隆的欢心。他还对乾隆的性情喜好、生活习惯进行了细心的观察，深入的研究，对他的脾气、爱憎等更是了如指掌。往往是乾隆想要什么，还未开口，和珅就想到了，有些乾隆未必考虑到的，他也安排得很好，因此他很得乾隆的宠爱，可见用好"捧"，其中奥妙无穷。

当然，刻意的曲意逢迎，趋炎附势地去溜须拍马是不可取的，但圆融为人，合宜捧人得来的实惠是不可估量的。

作为一名成功的经营者，最大限度地"捧"顾客，给顾客面子，让顾客觉得自己在购物时能够轻松地做出决定，让顾客觉得自己聪明，也是经营者一贯采用的手法。

一位成功的美国商业人士曾讲过这样一件趣事：

你知道墨西哥式的披肩吗？那是用整块布挖个洞做成的毛织毯。我从来就对披肩不感兴趣，也从没有想过，即使是在墨西哥时也没有想过。

那是7年前，我和太太在墨西哥度假。我们在街上闲逛，太太突然用手肘挤我说："你瞧，那儿好多人。"我应道："噢，那是卖纪念品的地方，只有观光客会去。我只想到处走走，要不你自己去吧，回头在旅馆见。"

我继续闲逛。在前方，有个当地的小贩沿街吆喝："1200比索。"

"他在对谁喊价呢？"我想，肯定不是我，我又没做任何暗示。

我没有在意，继续向前走。

"好啦，"小贩继续叫道，"大减价，1000比索……800比索好了。"

我实在忍无可忍，转过身对他说："朋友，我真的很感谢你的好意，但是我毫无兴趣，你还是找别人吧。"我甚至用墨西哥话问他："你明白我的意思吗？"

"当然，当然。"他答道。

我转身离去。但是，他又一遍遍地在我旁边继续叫喊："好啦，800比索。"

因为遇上红灯，我只好在街口停下，而他仍然自言自语："600，600就好……500，500比索，好啦，好啦，400比索。"

当绿灯亮起，我快速穿过马路，希望能甩掉他，但耳边又听到他拖拉的脚步声以及叫卖的声音："先生，先生，400比索。"

我实在感到厌烦极了，转身对他咬牙切齿地说："混蛋，我告诉你我不买你的东西，别再跟着我！"

从我的态度及语气来看，他似乎明白了我的意思。"好吧，算你赢了。"他回道，"只卖你200比索。"

"你说什么？"我对自己的反应也吃了一惊。

"200比索。"他重复道。

"让我看看你的披肩。"

我为什么要看披肩呢？我需要披肩吗？我想要个披肩吗？不，我不认为我改变了主意。

要记得披肩最初的价格是1200比索，而现在只要200比索。我甚至不知道我做了些什么，就使得价钱下跌了1000比索。

这时，我发现他是在墨西哥境内卖的披肩。我们谈判，他所付出最低的价钱是175比索。结果，我用170比索买下了一条披肩，现在我是新纪录的保持人。

但是，到了旅馆我发现太太买的披肩只花了150比索，比我买的还要便宜20比索。

我想说的是，每个人都各有所好，商人的利益就在于从各种人物的内心去发掘可利用的价值。聪明的商人能够活用方圆之术，从人们的喜好出发，投其所好，给足对方面子，从而在其毫无防备之下轻而易举地达到目的。

精明的经营者强调，顾客永远是正确的。尤其是在与顾客发生纠纷时，企业的各级人员都要用这句话提醒自己。本着这一精神，企业员工才能自觉地为顾客着想，从而对自己的服务、自己的产品提出更高的要求，以满足顾客的需要。当然，在实际生活中，顾客并不永远都是正确的，但是，"顾客永远是对的"这句话，会形成企业员工"唯客独尊"的心理，造成一种积极的心理提示，从而为与顾客建立良好的关系奠定心理基础。这是在处理与顾客的矛盾时所需要遵循的最基本原则。

03 央求
不如婉求

美国《纽约日报》总编辑雷特，身边很需要一位精明干练的助理，于是，他便将目光瞄准了年轻的约翰·海。雷特想让约翰帮助自己成名，帮助《纽约日报》成为美国最大的报纸。而在当时，约翰刚从西班牙马德里辞掉外交官职务，准备回到家乡伊利诺伊州，从事律师行业。

一天，雷特请约翰到联盟俱乐部吃饭。吃完饭，他提议请约翰到报社去玩玩。

到了报社后，雷特从许多电讯中间找到了一条最重要的消息。当时，恰巧负责国外新闻的编辑有事离职了，于是，他对约翰说："请坐下来，帮忙为明天的报纸写一段关于这则消息的社论吧。"在这种情况下，约翰自然不好拒绝，于是提起笔来就写。

这篇社论写得非常棒，雷特看后赞不绝口。于是，他请约翰再帮忙顶缺一个星期、一个月，就这样，最后干脆让他担任这一职务。而约翰也在不知不觉中放弃了回家乡做律师的计划，留在纽约做起了新闻记者。

从雷特的例子中，我们可以得到这样一条求人办事的规律：央求不如婉求，劝导不如诱导。实际上，诱导的过程就是说服的过程，也是对方的思想逐渐转变的过程。当你真正把握住了对方的思想，让他跟着你的思路走，那么你的成功也就指日可待。

每个人的性格和脾气都不相同。有的人注意细节，做什么事都有个讲究；有的人则不拘小节，许多方面都随随便便。在劝说一个人的时候，稍不留心，就会伤害双方的感情。因此，与其直言相劝，不如委婉示范，以身作则，让对方明白有些事怎样做更好。

1939年10月11日，美国经济学家兼总统罗斯福的私人顾问亚历山大·萨克斯，受爱因斯坦的委托，在白宫同罗斯福进行了一次具有历史意义的会谈。

萨克斯的目的是说服总统重视原子弹研究，抢在纳粹德国前面制造原子弹。他先向罗斯福面呈了爱因斯坦的长信，继而又读了科学家们关于核裂变的备忘录。但总统听不懂深奥的科学论述，反应冷淡。

总统说："这些都很有趣，但政府现在干预此事还为时过早。"萨克斯讲得口干舌燥，只好告辞。罗斯福为了表示歉意，请他第二天共进早餐。

萨克斯的劝说失败了，他犯了一个错误，科学家的长信和备忘录并不适合总统的口味。

事情还没有结束。由于事态严重，没有能够说服罗斯福的萨克斯整夜在公园里徘徊，苦思冥想说服总统的好办法。

第二天，萨克斯与罗斯福共进早餐。萨克斯尚未开口，总统就以守为攻地说："今天不许再谈爱因斯坦的信，一句也不许说，明白吗？"

"我想谈点历史，"萨克斯说，"英法战争期间，拿破仑在欧洲大陆上耀武扬威，不可一世，但在海上作战却屡战屡败。一位美国的发明家罗伯特·富尔顿向他建议，把法国战舰上的桅杆砍掉，撤去风帆，装上蒸汽机，把木板换成钢板。"萨克斯很悠闲地拿起一片面包涂抹果酱，罗斯福也知道他是在吊自己的胃口，问："后来呢？""后来，拿破仑嘲笑了富尔顿一番：'军舰不用帆？靠你发明的蒸汽机？哈哈，简直是天大的玩笑！'可怜的年轻人被轰了出去。拿破仑认为船没有帆不可能航行，木板换成钢板船就会沉。"萨克斯开始用深沉的目光注视着总统，"历史学家们在评论这段历史时认为，如果拿破仑采纳富尔顿的建议，那么，十九世纪的历史就得重写。"

罗斯福沉思了几分钟，然后取出一瓶拿破仑时代的白兰地斟满，把酒杯递给萨克斯："你胜利了！"

萨克斯这招"前车之鉴"说服了罗斯福，从而引起了后来举世瞩目的变化。

可见，善劝要灵活机智，不可一味地就事论事。旁敲侧击，抛砖引玉，都不失为好方法。

老赵是小丁的邻居，也是同一单位里的工会主席，而且，技术上也有一手，待人也热情诚恳。但是，他在生活上却比较马虎，不讲仪态。夏天，他常光着膀子走家串户。小丁是个有知识的女性，她很不习惯老赵的这种行为。

一个双休日，老赵邀小丁的丈夫去另一个同事家下棋。小丁对丈夫说："穿上衬衫，换双凉鞋，到别人家去总得有个样子。"这一讲，老赵马上有所觉察，他说："等一下，我也去穿件衬衫，换双鞋。"

小丁赶忙笑着说道："赵师傅，您这个人很热情、很随和，可我觉得在穿着上太不讲究了，有时让人受不了。"待老赵穿好衣衫返回，小丁赞扬道："赵师傅，这一身多神气啊！"说得赵师傅舒服极了。以后，他渐渐改变了原先不讲仪态的习惯。

当你要诱导别人去做一些很容易的事情时，你得先让他获得一点小胜利；而当你要诱导别人去做一件重大的事情时，你最好对他造成一个强烈刺激，让他在做这件事时，有一种强烈的求胜欲望。只有这样，他的自尊心和自信心才会被激发起来，才会愿意并能够更加勤奋地工作，最终达到你所期待的

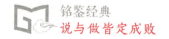

目标。

要引起别人对你的计划的热心参与，必须先诱导他们尝试一下，可能的话，不妨让他们先从一些比较容易的事情入手，然后，再一步步地把他们向你的目标引进，从而达到自己的目的。

04 说话要
善于变通

　　无论何人，只要在社会上待过一段时间后，便多多少少会练就一些察言观色的本事，他们会根据你的言行举止来调整和你相处的方式，并进而顺着你的言行举止来为自己谋取利益。你的意志也会在不知不觉中，受到别人的掌控。而且有时，如果你的言行举止表达失当，还会招来无端之祸。正所谓"花要半开，酒要半醉"，一个人活在这个世上，就不要锋芒太露，只有这样，才能防范别人，保存自己。

　　做事圆融的人在人际交往中，不会轻易地表露自己的好恶、见解和喜怒哀乐，他们更善于把自己的思想感情隐藏起来，不让人窥出自己的底细。他们的言行举止也不会透露出对方想要的信息，以免被人牵着鼻子走。

　　陈平是汉朝有勇有谋的名臣。他在秦末天下混战的时候，曾三易其主，最终得到了刘邦的赏识和重用，为刘邦建立汉朝，立下了汗马功劳。

　　汉高祖刘邦去世之后，他的妻子吕雉乘机掌握了大权。为了巩固自己的地位，吕雉任命自己的亲信郦食其为朝中拥有最高职权的右丞相，而任命陈平为职权第二的左丞相。其实，吕后就是给陈平一个有职无权的虚职，借以架空他。陈平深知吕后之意，但他并不以为意，只是每日饮酒作乐，纵情声色，以此来麻痹吕后的视线，减少她对自己的疑虑。

吕后有个妹妹吕媭，因事与陈平不睦，便心怀愤恨，总想伺机除掉他。

有一天，吕媭对吕后说："左丞相陈平，身负这么重要的职责却不谋正事。"

吕后问道："他做了什么坏事吗？"

陈平虽然纵情声色，但在别的方面却很谨慎，所以吕媭并没有抓到什么把柄，只好说："陈平整日不理政务，只知喝酒作乐，这还不够吗？"

吕后任陈平为左丞相，就是不想让他参与朝政，所以他这么做，正中吕后下怀。

吕后听了吕媭的报告，心中大喜。但为了表示自己对陈平的信任，以便让陈平更加放纵下去，减少对吕家的威胁，她特意把陈平召到驾前，当着吕媭的面对陈平说："有人告你不理政务，整日沉迷酒色，被我训斥了。因为我知道'唯女子与小人难养也'，所以女人和小孩子说的话我是不会听信的。只要你对我忠心耿耿，就不要怕别人在我面前说你的坏话。"

陈平听了，装出感激涕零的样子，跪在吕后面前说："您这样相信微臣，真是让微臣感动。以后臣一定尽心竭力，不会让您失望的。"

从这以后，陈平变本加厉，更加放浪形骸，不务"正业"。

为了扩大自己的势力，吕后想封自己的至亲为王，她假意征求陈平的意见说："我的兄弟都很有才能，也为国家立下了汗马功劳，如果不册封他们为王，不足以慰民心啊。"

陈平听了，从容地回答："太好了，您真是赏罚分明啊，这样做，才能鼓励他们继续为朝廷效力！"

吕后非常高兴，对陈平的戒备心渐渐平淡下来。

不久，吕后去世。深藏已久的陈平看到时机已到，就找到朝中大将周勃，对他说："吕后已死，再不能让吕氏当权，我们应该立即诛杀吕氏，把江山还给刘氏。"周勃听了陈平的话，便率兵杀了吕后的子弟亲信，拥立了汉文帝。陈平深谋远虑，最后挽救了刘氏江山。

05 拒绝也
需要技巧

　　有些人在拒绝对方时，因感到不好意思而不敢直接说明，致使对方摸不清自己的意思而产生许多不必要的误会。比如当你使用一种语意暧昧的回答："这件事似乎很难做得到吧！"本来是拒绝的意思，然而却可能被认为你同意了，如果你没有做到，反而会被埋怨你没有信守承诺。所以，大胆地说出"不"字，是相当重要却又不太容易的一件事。在拒绝别人的要求时，如果处理得当不仅不会招来别人的反感，还会得到别人的宽容谅解，反之就会使别人怀恨在心，甚至打击报复。

　　拒绝别人需要一份勇气，也需要一份智慧。

　　清代画家郑板桥任潍县县令时，曾查处了一个叫李卿的恶霸。

　　李卿的父亲李君是刑部大官，听说儿子被捕，急忙赶回潍县为儿子求情。他知道郑板桥正直无私，直接求情不会见效，于是便以访友的名义来到郑板桥家里。郑板桥知其来意，心里也在想怎样巧拒说情，于是一场舌战巧妙地展开了。

李君四处一望，见旁边的几案上放着文房四宝，他眼珠一转有了主意："郑兄，你我题诗绘画以助雅兴如何？"

"好哇。"

李君拿起笔在纸上画出一片尖尖竹笋，上面飞着一只乌鸦。

目睹此景，郑板桥不搭话，挥笔画出一丛细长的兰草，中间还有一只蜜蜂。

李君对郑板桥说："郑兄，我这画可有名堂，这叫'竹笋似枪，乌鸦真敢尖上立'？"

郑板桥微微一笑："李大人，我这也有讲究，这叫'兰叶如剑，黄蜂偏向刃中行'！"

李君碰了钉子，换了一个方式，他提笔在纸上写道："燮乃才子。"

郑板桥一看，人家夸自己呢，于是提笔写道："卿本佳人。"

李君一看心中一喜，连忙套近乎："我这'燮'字可是郑兄大名，这个'卿'字……"

"当然是贵公子的宝号啦！"郑板桥回答。

李君以为自己的"软招"奏效了，心里别提有多高兴了，当即直言相托："既然我子是佳人，那么请郑兄手下留……"

"李大人，你怎么'糊涂'了？"郑板桥打断李君的话，"唐代李延寿不是说过吗，'卿本佳人，奈何做贼'呀！"

李君这才明白郑板桥的婉拒之意，不禁面红耳赤，他知道多说无益，只好拱手作别了。

大凡来求你办事的人，都相信你能解决这个问题，对你抱有很高的期望。一般来说，对你抱有的期望越高，拒绝的难度就越大。在拒绝对方时，假如总讲自己的长处，或过分夸耀自己，就会在无意中增加了对方的期望，更加大了拒绝的难度。如果适当地讲一讲自己的短处，降低对方的期望，在此基础上，抓住适当的机会多讲别人的长处，就能把对方的求助目标自然地转移过去。这样不仅可以达到拒绝的目的，而且会给求助方指出一个更好的归宿，使意外的成功所产生的愉快和欣慰心情取代原有的烦恼与失望，从而降低对方对你说的"不"的抵触情绪。

一般来说，一个人有事求别人帮忙时，总是希望别人能满足自己的要求，却往往不考虑给别人带来的麻烦和风险。如果实事求是地讲清利害关系和可能产生的不良后果，把对方也拉进来，共同承担风险，即让对方设身处地去判断，这样会使提出要求的人望而止步，放弃自己的要求。

甘罗的爷爷是秦朝的宰相。有一天，甘罗看见爷爷在后花园走来走去，不停地唉声叹气。

"爷爷，您碰到什么难事了？"甘罗问。

"唉，孩子呀，大王不知听了谁的调唆，硬要吃公鸡下的蛋，命令满朝文武去找，要是三天内找不到，大家都得受罚。"

"秦王太不讲理了。"甘罗气呼呼地说。

他眼睛一眨，想了个主意，说："不过，爷爷您别急，我有办法，明天我替您上朝好了。"

第二天早上，甘罗真的替爷爷上朝了。他不慌不忙地走进宫殿，向秦王施礼。

秦王很不高兴地问道："小娃娃到这里捣什么乱！你爷爷呢？"

甘罗说："大王，我爷爷今天来不了啦。他正在家生孩子呢，托我替他上朝来了。"

秦王听了哈哈大笑："你这孩子，怎么胡言乱语！男人家哪能生孩子？"

甘罗说："既然大王知道男人不能生孩子，那公鸡怎么能下蛋呢？"

甘罗就是利用以谬还谬的否定方法，没有直接揭露秦王的荒诞，而是

"顺杆儿上"，引出一个更为荒诞的结论，让秦王自己去攻破自己的观点，并在巧妙的回答中暗示其荒谬性。

小张在电器商场工作。一天，他的一位朋友来买电视，让他给打个低一些的折扣。小张挺为难，这事他根本做不了主，于是他苦着脸对朋友说："你如果上周来能给你打折，昨天我们盘点，上次促销还赔了钱，今天早上我们经理刚公布过，不让随便打折了，以后谁打折谁补钱。"

朋友一听这话，觉得再说也没用了，就不再说什么了。

张绪对摄像机朝思暮想了很长时间。一天，他心一横，花费了多年积蓄，从商店里美滋滋地捧回一架崭新的进口摄像机。打那以后，他一有空便围着它转，爱不释手。时隔不久，张绪的一个中学同学跑来，说下星期他外出旅游想借用张绪的摄像机。将摄像机当作至宝的张绪真担心同学给他弄坏了。不借吧又怕伤了多年的友谊，又难以启齿，于是张绪找了借口对同学说："我妈说过几天出门想带着，但是时间还没有定，到时候再说吧。她不用的话一定借给你。"

对这类勉为其难的要求，张绪既不说借，也不说不借，实际上为自己的最终拒绝留下了很大的回旋余地。如此既保全了双方的面子，不至于出现尴尬的僵局，又回绝了对方的要求。张绪的同学如果是个明白人，一定会心领神会，知"难"而退。

国学大师钱钟书先生很讨厌炒作，在他的《围城》出版后，许多媒体记者想采访他，钱先生实在没有办法了，只好以幽默的语言拒绝他们说："假如你吃了一个鸡蛋觉得不错，你认为有必要非要认识一下那只下蛋的母鸡吗？"

风趣的比喻终于使对方在愉悦之中欣然接受了婉拒。

学会拒绝，能让我们更坦率，更忠于自己，不必为他人之愿所累。伏尔泰曾经说过："当别人坦率的时候，你也应该坦率，你不必为别人的晚餐付账，不必为别人的无病呻吟弹泪，你应该坦率地告诉每一个使你陷入一种不情愿、又不得已的难局中的人。"

一位哲人曾说："当你拒绝不了无理要求时，其实你害了别人，也害了自己。"所谓害人是指助长了他的惰性，害己则是说违心地做自己不想做的事情会让自己心里很不舒服，甚至会后悔莫及。

要敢于拒绝你认为应当拒绝的要求，摒弃那种支支吾吾的态度，不给人误解你的空间。与隐瞒自己真实想法的绕圈子话相比，人们更尊重这种不含糊的回绝。

06 言多必失，
    逢人只说三分话

　　"言多必失"，滔滔不绝的讲话自然会牵涉到对诸多事物的看法、见解，对他人的好恶、爱憎等，从而暴露出许多问题，不是被人抓住把柄，怀恨在心，伺机报复，就是被人传话时曲解其意，增加不必要的误解、隔阂，徒添烦恼。

　　俗话说："逢人只说三分话，不可全抛一片心。"世界是复杂的，如果你"抛出一片心"，说不定正好掉进了别人的陷阱。因此，遇事只说三分话，这是对自己的一种必要保护。

　　"逢人只说三分话"，是在提醒自己，在为人处世中，千万不要动不动就把自己的老底交给对方。不论在什么情况下，都要保留七分话，不必凡事对人说。也许，你会认为大丈夫光明磊落，事无不可对人言，何必只说三分话呢？

　　老于世故之人，的确只说三分话，你一定认为他们是狡猾的，很不诚实，其实说话需看对方是什么人，对方不是可以尽言的人，你说三分真话，已不少了。

孔子曰："不得其人而言，谓之失言。"

倘若对方不是深相知的人，你却畅所欲言，以快一时，对方的反应会如何呢？

你说的话，是属于你自己的事，对方愿意听吗？

彼此关系浅薄，你却与之深谈，这会显得你没有修养；你不是他的诤友，就不配与他深谈，忠言逆耳，会显得你很冒昧。

说话本来有三种限制，一是人，二是时，三是地。非其人不必说；非其时，虽得其人，也不必说；得其人，得其时，而非其地，仍是不必说。

得其人，你说三分真话，已为不少；得其人，而非其时，你说三分真话，正给他一个暗示，看看他的反应；得其人，得其时，而非其地，你说三分真话，正可以引起他的注意，如有必要，不妨择地作长谈，这叫做通于世故。

在实际生活中，你在与同事发展交情时应该慎重，因大家长期相处，若交友不慎，一定会影响你的个人处境和事业。

起初，同事之间大多不会显山露水，然而，"路遥知马力，日久见人心"，只要一起吃过几次饭，一些见识浅薄的人就很容易把自己的不满情绪倾诉给你听。对于这种人，你不应与他有更深的交往，只作普通同事就可以了。

假如和对方相识不久，交往一般，而对方就把心事一股脑儿地倾诉给你听，并且完全一副真心实意的模样，这在表面上看来是很容易令人感动的。然而，转过头去，他又向其他的人做出同样的表现，说出同样的话，这表示他完全没有诚意，绝不是一个可以深交的人。

"交浅言深，君子所戒。"千万不要附和这种人所说的话，最好是不表示任何意见。

　　古人云："病由口入，祸从口出。"祸事往往就是因为自己错说话和说错了话引来的，因此，说话时切记要三思而后言。

07 背后说人好话
是一种美德

　　许多人都有背后议论他人是非的习惯，其中大多是"非"，即说别人的坏话。这种攻击有些是在与自己的利益无关的前提下说的，于是说人者觉得自己不背负道德意义上的责任，也就放任自己，再加上旁人也有喜欢听的习惯，所以对自己的这一"恶行"就不加以反思和制止。也有的人是心怀不满，借以抒发自己内心的愤恨。然而，有个词语叫做"流言"，就是说这话像流水一样会流动，从这张嘴巴流到那只耳朵里，再从那张嘴巴流到另一只耳中。因此，你所议论人家的是非早晚会传到被议论者的耳朵里。到那时候，得罪了人，就会给自己带来不必要的麻烦。

　　《红楼梦》有这样的片段：史湘云、薛宝钗等姐妹都劝贾宝玉做官为宦，不要长期沉湎于温柔之乡，这让贾宝玉极为反感。于是，他对着史湘云和袭人说："林姑娘从来没有说过这些混账话！如果她也说这些混账话，我早和她生分了。"凑巧这时黛玉正来到窗外，无意中听见贾宝玉说自己的好话，"不觉又惊又喜，又悲又是叹"，结果宝黛两人互诉肺腑，感情大增。

宋初宰相王旦和寇准是同年进士，但两人性格截然相反，王旦内敛低调，寇准外向张扬。因此，尽管同为北宋名相，但王旦的名气在历史上远不及寇准。不过就个人气量而言，王旦却远胜寇准。由此，两人在皇帝面前议论对方的态度截然不同，寇准总在真宗面前诋毁王旦，而王旦却总是赞扬寇准。每次寇准遇到麻烦，也都是王旦解救他。

一天，王旦向真宗汇报完国事，真宗疑惑地问王旦："寇准总是在我面前说你的坏话，而你却老是夸他的优点，为什么呢？"王旦说："我担任宰相职务，施政上不可能没有缺点，寇准攻击我是因为他处处为国家着想，我说寇准的好话是因他确实有才学，有器识，而且秉心刚正。"真宗听后，越发钦佩王旦的品德而鄙薄寇准的为人。

在人背后说坏话的原因有很多，有人是因为习惯问题，也有人是因为嫉妒或高傲。贺若弼就是觉得自己高人一等，没有达到自己期望的职位，而在背后说其他人的坏话的人。在皇权至上的封建社会，他对自己的处境有所抱怨，经常说皇帝任命的大臣的坏话，甚至还把目标扩大到皇帝身上，这样自然受到皇帝的惩罚和疏远。当然，我们不可否认他并不是不知道他所说的话会得罪被他所褒贬的人，因此只是在别人背后、在私底下说说而已，但是，"天下没有不透风的墙"，官场是不会有真正的秘密的。在权力斗争的官场，要想明哲保身，升官晋级，就应该在这方面多加注意。

上面列举的《红楼梦》的例子也说明在背后说人好话，是拉近和别人之间的关系的最有效方法。因为在林黛玉看来，宝玉当着众人的面，在自己背后赞美自己，这种好话就不但是难得的，也是无意的。如果宝玉当着黛玉的面说这番话，生性多疑的林黛玉只怕还会说宝玉打趣她或想讨好她呢。而王旦和寇准的例子也正好说明了背后"说人好"和"说人非"的巨大差别。

第二章
改变自己的表达习惯

　　我们和这个世界只以四种方式接触。旁人是根据四件事情来评估我们，并把我们进行分类的：我们做什么，我们看起来什么样子，我们说些什么，我们怎么说。试着改变自己的表达习惯，这是会说话会办事的前提。

01 以友善的
　　态度开始

一位无神论者要威廉·佩里承认，宇宙中并不存在什么超自然现象。佩里一语不发地取出随身佩戴的挂表，打开盒面，然后说道："假如我告诉你，这些杠杆、齿轮和弹簧都是自己形成的，而且自己聚合在一起，开始很有规律地运作，你是不是以为我疯了？那些星球，它们中的每一颗都在自己的轨道上运行——卫星和行星环绕着恒星运行，每天的速度超过了一百万英里。每一颗恒星都有一群环绕着它的星群，自成一个星系，就好像我们这个太阳系一样。它们如此有规律地转动，并不互相碰撞，不互相妨碍，更不会走出轨道。一切是那么安静、有序。你比较相信这是一种偶然的存在，还是有一种超自然力使它们这样呢？"

试想一下，假如佩里先生一开始便以反驳的态度对待这位无神论者，如："什么，没有神？别蠢得像头驴一样。你根本不知道自己在胡说些什么。"你想结果会如何？毫无疑问，一场唇枪舌剑将像狂风暴雨一样袭来。那位无神论者会像一头暴怒的狮子一样，用恶毒的话回敬佩里先生，尽力维护自己的主张。为什么呢？因为就如同奥维奇教授所指出的：那是"他的"主张。他宝贵的、绝对必要的自尊受到了伤害，他的尊严濒临危机了，所以他要反抗。

自尊在人的自然天性中是如此极富爆炸性。所以，假如我们能使这个特质与我们合作，不是比让它与我们为敌要好得多吗？但要我们怎么做呢？就像佩里教授所说的，向你的对手显示，你的意见和他信仰的某些观念很类似，他便不会拒绝你的意见了。这个方法一般不会引起对方产生对立的情绪和意见。

佩里教授洞察人类心灵。大多数人缺乏这种敏感性，以致很难进入对方充满防卫的心底。人通常都有个错误观念，以为要进入那个根据地，就必须发动正面的攻击，猛烈摧毁那块基地。但结果怎样呢？对方会开始产生敌意，心灵也开始关闭封锁起来。然后，穿着铠甲的武士抽出长剑——一场言语之战就开始了，双方都不免伤痕累累。结果通常是两败俱伤，谁也说服不了谁。

佩里教授的这个方法并不是什么新的发现，古代的圣徒保罗就已经用了这个方法。他在马斯山向雅典人发表的那篇永垂不朽的演讲，便很熟练、很巧妙地运用了这个方法。保罗是个受过完整教育的人，改信基督教之后，他在演讲方面的才能对他传教有很大的帮助。一天，他来到雅典，那时，雅典已经由鼎盛时期开始走向衰落。《圣经》上描述这时的情形是这样的："雅典人和住在那里的异乡人都不喜欢别的，只喜欢说说或听听新近发生的消息。"

没有收音机，没有通信设备，没有传播新闻的渠道，那些雅典人每天下午不得不奔走到各地打听消息。这时，保罗来了，这里有一些新事情。他们围着保罗，既新鲜又好奇，便把他带到阿罗巴古去。他们对保罗说："你讲的这些我们也可以知道吗？你把一些奇怪的事告诉了我们，我们愿意知道这些事是什么意思。"

换句话说，他们是在邀请保罗发表演讲，保罗当然很愿意。事实上，这正是他来到这里的目的。于是，他可能是站在一块木板或是石头上面，而且像许多优秀的大演说家一样，刚开始可能还有点紧张。也许他还搓了搓手，清了清喉咙，然后开始演讲。

因为保罗并不十分同意那些雅典人邀请他上台演讲的理由，"新道……奇怪的事……"那是错误的，他必须把这些观念纠正过来。这是一块能接受不同意见的土地，但保罗仍不愿把自己的信仰描述成一种奇怪的、异质的事物。他要把自己的信仰和他们原有的信仰结合起来，这样就能更好地消除敌对情绪，让对方接受自己。但要怎么做呢？他想了一会儿，忽然灵光一闪，便开始了这篇不朽的演讲："众位雅典人哪，我看你们对神很是敬畏。"

这些雅典人参拜许多神祇，而且非常虔诚，他们自己也都以此为荣。保罗称赞他们，他们听了更是非常欢喜，跟保罗也更亲近了。这正是有力演说艺术的重要法则之一。保罗又说："因为我经过这里的时候，看到你们所参拜的一座神坛上面写着：给未知之神。"

这证明了雅典人是非常虔敬，任何一位他们所不认识的神祇也不会疏忽，便将一座祭坛献给未知之神。这就像某些综合保险囊括了所有可能的保险一样。保罗提到那座祭坛，表示他的赞美并非阿谀之辞，而是通过观察得到的结论。

接着，保罗便十分巧妙地引入正题："你们所不认识而敬拜的神，我现在告诉你们……"

"新道……奇怪的事？"一点也不。保罗仅仅解释了关于他们误解的上帝的真实，便把自己的信仰与雅典人的原有信仰连接起来，你看这种方法实在太巧妙了。

保罗又提到救赎和耶稣复活的事，也引用了一些古希腊的诗句，演讲圆满结束了。当然有人不免会说些嘲弄的话，但也有不少人说："我们还要听你再讲一些这样的故事。"

说服别人，或想让别人对你的话留下印象的最好方法就是：把你的观念植入他们的心灵，不要让对方产生敌对情绪。能做到这样的人，在演讲时一定能发挥自己最大的力量去影响别人。

几乎每天你都得面对一些和你持有不同意见的人，并且就某些话题与人们相互讨论。你是不是想尽力去说服这些人，让他们同意你的看法？无论是在家里、办公地点或其他社交场合都如此？你使用的方法，是否还有改进的必要？要怎么开始？如果真这么用心，你就真是兼具外交手腕和敏锐判断能力的可贵人才了。

请记住伍德罗·威尔逊总统的话："假如你对我说：'让我们坐下来讨论讨论。如果我们意见不同，不同在哪里，问题症结在哪里？'我们就会发现，其实我们只有少部分观点不同，大部分观点还是一致的。只要彼此耐心、坦诚，我们便一定能沟通。"

02 消除
紧张情绪

有的人在跟老朋友聊天的时候往往兴致勃勃，而一旦碰到陌生人，或者让他发表一场演讲时，他会顿时不知所措，不知怎么开口了。这是因为我们和老友之间已经建立了相当程度的感情，我们彼此熟知各自对事物的看法，大家已经相互习惯了，在一起就觉得无拘无束、无障碍。但是让我们发表演讲，情况就不一样了。

戴尔·卡耐基在刚开始教演说课程时，曾花费很多时间在发声练习上。主要是教导学生们利用共振，训练他们增大音量，并使尾音更加轻快活泼。但是，不久他就发现教导成年人如何在鼻窦中发音，以及如何形成"透亮"的母音，根本就是徒劳的。这项训练，对那些靠花三四年时间来改进声音表达技巧的人而言，确实是一种非常好的方法。然而卡耐基更清楚自己的学生也只有将就使用自己天生的发音装置了。他还发现，假使把先前用以协助学生练习"横膈膜式呼吸"的时间和精力用在更重要的目标上——帮助他们从怎样都不敢放手去做的自我抑制中解脱出来，将会达到十分明显且恒久的惊人效果。于是，卡耐基就这样去做。

在卡耐基的课程里有几门课，目的是解除成人的拘谨和紧张。他请求学员们从害羞的龟壳里出来，自己见识一下这个世界。只要他们愿意走出来，这个世界会热情欢迎他们。像法国马绍尔·福熙元帅谈论战争的艺术时说："概念极为简单，但不幸的是，执行起来很复杂、很困难。"最大的绊脚石，当然是拘谨紧张，不仅是身体上的，还有心理上的。它随着年龄的增长而变得更牢固。

要想在听众面前保持自然，的确不容易，这需要反复练习才能达到，演员们最能体会这点。

要想在听众面前保持自然，的确不容易，这需要反复练习才能达到，演员们最能体会这点。不过，当你还是孩子时，比如4岁时吧，你也许可以登上讲台，伶俐地讲话！可是等到24岁时，或45岁时，会怎样？你还能有4岁时那种不知不觉的自然吗？有这可能，但多半变得拘谨、矜持而又呆板，并且像只乌龟，很快缩回壳里去了。

成人发表演讲的重点，主要是排除障碍，做到本能的反应。

不知有多少次，卡耐基在他们的演讲过程中打断他们，请他们"讲得像个人"。不知有多少个夜晚，他设法训练学生说话自然些，弄得自己回家时精神和神经都疲惫不堪。

卡耐基要求学生们表演对话里某些部分，有些人非常惊慌地发现，自己像个傻子，可是在表演时，自己感觉还不错呢。而对另一些人表现出的表演能力，惊叹不已。所以，一旦你能在人群面前安然随意，就不会再退缩。不论是对上级或在普通人群面前，都能以正常的方式来表达自己的意见。

消除拘谨、紧张的情绪，还要求我们不要太在意自己，不要过于追求完美，要知道不完美有时也是一种魅力，会让听众感觉离你更近一些，而不是把你当做高高在上的圣人。

03 切忌
模仿他人

我们都很羡慕有些演讲家，他们把表演融入演讲中，毫无负担地表达自己，毫无畏惧地使用独特的、个人的、富于幻想的方式说出他们要对听众说的话。

第一次世界大战结束后，卡耐基在伦敦遇到罗斯·史密斯爵士和凯恩·史密斯爵士两兄弟。他们刚完成从伦敦到澳洲的首次飞行，获得澳洲政府颁发的5万元奖金。他们在大英帝国引起很大的轰动，国王给他们颁赐爵位。

胡利上尉是位著名的风景摄影家，和他们两兄弟一块儿飞过一段路程，摄制一些影像。卡耐基帮助他们做了一场以画面解说为主的旅游演讲，并指导他们怎样表达。他们在伦敦的"爱乐厅"每日演讲两场，早晚每人一次，他们描述他们并肩飞过的半个世界，发表几乎相同的演讲。可是每一场听起来都不一样。

成功的演讲除了词句外，还有别的重要因素。那就是表达词句的特有个性——演讲时的态度。说什么和怎么说不是一回事。

一次公开的演奏会上，当著名钢琴家帕德列夫斯基弹奏肖邦的一首玛祖卡舞曲时，一位年轻小姐拿着曲谱在看。她感到很困惑：帕德列夫斯基的手指敲击的音符，跟她弹奏同一舞曲时敲击的完全一样。然而她的表现很普通，而帕德列夫斯基却很吸引人，美得难以形容。她其实不知道其中的关键并不在于音符，而是弹奏的方式。帕德列夫斯基在弹奏时加进去的感觉、艺术才能以及个性，构成了凡人与天才之间的差别。

同样在俄国大画家布鲁洛夫修改了一个学生的习作时，学生惊奇地看着改变了的图画，大叫："为什么！你才动了那么一小点儿，可是它整个儿都不一样了！"布鲁洛夫说："艺术就开始于那一小点儿啊。"

演讲与绘画，与帕德列夫斯基的演奏都是一样的！

同样的道理，也适用于人们的说话态度。英国国会里有句老话，说一切听凭演讲的方式而定，而不根据事情而定。这是很久以前昆提加说的，那时英格兰还是罗马的殖民地。

"所有的福特轿车完全相同。"亨利·福特这样说，但是，没有两个人是完全相同的。每一个新生命，都是太阳底下的一件新事物——之前没有和他相同的东西，之后也绝不会有。年轻人应该培养这种观念，应该寻求独特的个性，让自己与众不同，并发掘自己的价值。社会和学校可能企图改造他，他们习惯把人们放入同一个模式，但我不会让个性的火花消失，这是你的重要、唯一而且真实的凭证。

无疑，这样的话对演讲者来说是正确的。这个世界上，没有另外一个人是和你相同的。几十亿人都有两个眼睛、一个鼻子和一张嘴，但没有一个人是跟你完全相同的，也没有一个人有和你相同的思想及想法。很少有人能够像你一样自然地谈话和表达自己的意见。这就是你有独特的个性特点。作为一名演讲者，这就是你最宝贵的财产。抓住它，珍惜它，发挥它，这点火花将让你的演讲产生力量与真诚。"这是你个性的唯一而且真实的凭证"。拜托你，千万别试图把自己装进模子里，失去自己的个性。

洛吉爵士的演讲与众不同，因为他是与众不同的人物。他的说话态度，是他的特点之一，和他的胡子、秃头是他的独特商标一样。但如果他想模仿洛依德·乔治，他看起来就感觉虚假，就会失败。

美国有史以来最著名的一场辩论发生在1858年伊利诺大草原上的一个城镇中。辩论双方是道格拉斯参议员和林肯。林肯个子高，动作笨拙，道格拉斯稍矮，举止优雅。这两个人外表迥然相异，个性、思想和立场也完全不一样。

道格拉斯是上流社会人士，林肯却有"劈柴者"的绰号，他往往穿着短袜子就走到大门口去接见民众。道格拉斯十分优雅，林肯则有些笨拙；道格拉斯完全没有幽默感，林肯则是有史以来最伟大的故事家；道格拉斯难得一笑，林肯经常引用事实及例子作为说明；道格拉斯骄傲而且自大，林肯谦逊而且宽宏大量；道格拉斯说起话来好像狂风暴雨，林肯则比较平静，表现从容不迫。

　　一样是声名卓著的演讲家，都具有无比的勇气与良好的感性。但如果其中某个人企图模仿对方，就一定会输得很惨。他们每一个人都把自己独特的才能发挥到极点，因而显得与众不同，更具说服力。

04 改变你的
语言表达习惯

世界上全新的事物很少，最伟大的演讲者，也要借助阅读的灵感和来自书本的资料。要扩大文字储量，必须让自己的头脑常常接受文字的洗礼。

一位又穷又没有工作的英国人，走在费城的街道上找工作。他走进大商人保罗·吉彭斯的办公室，要求和吉彭斯先生见面。吉彭斯先生用不信任的眼光看着这位陌生人。他衣衫褴褛，衣袖底部全磨光了，全身上下到处透着寒酸气。吉彭斯先生一半出于好奇，一半出于同情，答应接见他。吉彭斯只打算听对方说几秒钟，但随即几秒钟却变成几分钟，几分钟又变成一个小时，而谈话依旧进行。谈话结束后，吉彭斯先生打电话给费城的大资本家之一的狄龙出版公司的经理罗兰·泰勒先生，邀请他和这位陌生人共进午餐，然后罗兰·泰勒先生为他安排了一个很好的工作。

这个外表穷困潦倒的男子，怎么能在这样短的时间影响了如此重要的两位人物？

秘诀其实就一句话：他的英语表达能力。事实上，这个人是牛津大学的毕业生，到美国从事一项商业活动不幸失败，他被困在美国，有家难归。他在美国既没有钱，也没有朋友。英语是他的母语，所以他说得准确又漂亮，听他说话的人立即忘掉了他那双沾满泥土的皮鞋，褴褛的外衣，和那不修边幅的脸孔。他的辞藻立即成为他进入上流社会的护照。

这名男子的故事虽然有点不寻常，但它说明了一个真理：我们的言谈，随时会被别人当成评价我们的依据。我们说的话，显示我们的修养程度，它能让听者知道我们怎样的出身，它们是教育和文化的证明。

我们和这个世界只以四种方式接触。旁人是根据四件事情来评估我们，并把我们进行分类的：我们做什么，我们看起来什么样子，我们说些什么，我们怎么说。

然而，很多人稀里糊涂地过了一生，离开学校后，不知道要努力增加自己的词汇，不去掌握各种字义，不能准确而肯定地说话。他习惯了使用那些已在街头和办公室过度使用的、意义虚幻的词句，就难怪他的谈话缺乏明确性和个性特点了，也难怪他经常发音错误、弄错文法了。有很多大学毕业生满口的市井流氓的口头禅——连大学毕业生也犯这种错误，我们怎能期望那些因经济能力不足而缩短了教育时间的人甚至没有受到过教育的人不这样呢？

有一次，卡耐基来到罗马的古竞技场参观。一位来自英国殖民地的游客向他走来。他先自我介绍一番，然后大谈在这个"永恒之城"的游历经验。不到3分钟，"You was""I done"就纷纷脱口而出。那天早晨出门时，他特意擦亮了皮鞋，穿上一尘不染的漂亮衣服，企图维护自己的自尊，可是他忘了装饰他的词汇，以便能够说出优美的句子。他向女士搭讪时，如果未脱下帽子，他会感到很惭愧；但却不会惭愧——他甚至连想都没有想到——他弄错了文法，冒犯了别人的耳朵。他的话，整个儿把自己暴露出来，等待旁人的评断和分类。他的英语表达能力真的很可怜，就像在不断地向这个世界宣告，他是一个多么没有修养的人。

艾略特博士在哈佛大学担任校长有三分之一个世纪后宣称："我认为，在淑女或绅士的教育中，只有一门课是必修的，就是能准确、优雅地使用他的本国语言。"这是一句意义深远的声明，值得我们深思。

但是，你也许会问：我们如何才能同语言发生亲密的关系？我们如何以美丽而且正确的方式把它们说出来？卡耐基先生告诉我们，我们所要使用的方法没有任何神秘之处，也没有任何障眼法。这个方法是个公开的秘密。林肯就是使用这个方法获得了惊人的成就。除了林肯之外，还没有其他任何一位美国人曾经把语言编织得如此美丽，也没有人像他那样说出如此具有无与伦比的音乐节奏的短句："怨恨无人，博爱众生。"

从林肯的身世来看，他可没有如此高贵，他的父亲只是位懒惰、不识字的木匠，他的母亲也只是一位没有特殊学识及技能的平凡女子，难道是因为他特别受上苍垂爱，赋予了他善用语言的天赋？我们没有证据支持这种推论。当他当选国会议员后，他曾在华府的官方纪录中用一个形容词"不完全"来描述他所受的教育。在他的一生当中，受学校教育的时间不超过12个月。那么，谁是他的良师呢？有的，他们是肯塔基森林内的萨加林·伯尼和卡里伯·哈吉尔，印第安纳州鸽子河沿岸的亚吉尔·都赛和安德鲁·克诺福，他们都是一些巡回的小学教师。他们从一个拓荒者的屯垦区流浪到另一个屯垦区，只要当地的拓荒者愿意以火腿及玉米来交换他们教导小孩子们读、写、算，他们就留了下来。当然，林肯也只从他们身上获得了很少的帮助及启蒙，他的日常处境对他的帮助也不多。

此外，他在伊利诺伊州第八司法区所结识的那些农夫、商人、律师及诉讼当事人，也都没有特殊或神奇的语言才能。好在林肯并没有把他的时间全部浪费在这些才能与他相等或比他低的同伴身上——你必须记住这一重大事实。相反，他和当时一些头脑最好的人物——跨时代的最著名歌手、诗人——结成了好朋友。他是怎样与这些并不同处一个时代的人结交的呢？看了下面的故事，你就明白了。

他可以把伯恩斯、拜伦、布朗宁的诗集整本整本地背诵出来。他还曾写过一篇评论伯恩斯的演讲稿。他在办公室里放了一本拜伦的诗集，另外还准备了一本放在家里。办公室的那一本，由于经常翻阅，只要一拿起来，就会自动摊开在《唐璜》那一页。当他入主白宫之后，内战的悲剧性负担消磨了他的精力，在他的脸上刻下了深深的皱纹。尽管如此，他仍然经常抽空拿一本英国诗人胡德的诗集躺在床上翻阅。有时候他会在深夜醒来，随手翻开这本诗集，当他凑巧看到使他得到特别启示或令他感到高兴的一些诗，他会立刻起床，身上仅穿着睡衣，脚穿拖鞋，悄悄找到他的秘书，甚至把他的秘书从床上叫醒，把一首一首的诗念给他听。在白宫时，他也会抽空复习他早已背熟了的莎士比亚名著，还常常批评一些演员对莎剧的念法，并提出自己对这部名著的独特见解。他曾写信给莎剧名演员哈吉特说："我已经读过莎士比亚的某些剧本了。我阅读的次数可能和任何一个非专业性的读者差不多一样多。《李尔王》《理查三世》《亨利八世》《哈姆雷特》，特别是《麦克白》，我认为，没有一个剧本比得上《麦克白》，真是写得太好了！"

林肯热爱诗句。他不仅在私底下背诵及朗诵，还公开背诵及朗诵，甚至还试着去写诗。他曾在他妹妹的婚礼上朗诵过他自己写的一首长诗。在他的中年时期，他就曾把自己的作品写满了整本笔记簿。当他对这些创作还不是信心十足时，甚至连他最好的朋友也不允许去翻阅。

罗宾森在他的著作《林肯的文学修养》一书中写道："这位自学成才的伟人，用真正的文化素材把自己的思想包扎起来。他可以被称为天才或才子。他的成长过程，同爱默顿教授描述的文艺复兴运动领导者之一伊拉斯谟的教育情形一样。尽管他已离开学校，但他仍以唯一的一种教育方法来教育自己，并获得成功。这个方法就是永不停止地研究与练习。"

　　林肯是一名举止笨拙的拓荒者，年轻时候经常在印第安纳州鸽子河的农场里剥玉米叶子及杀猪，以赚取一天三角一分钱的微薄工资。但就是这样一个貌不惊人的人，后来却在葛底斯堡发表了人类有史以来最精彩的一篇演说。当时曾有17万大军在葛底斯堡进行一场大战，大约7000人阵亡。著名演说家索姆奈在林肯死后不久曾说过，当这次战斗的记忆自人们脑海中消失之后，林肯的演说仍然活生生地印在人们的脑海深处。而且即便这次战斗再度被人们回忆起来，最主要的原因还是因为人们想到了林肯的这次演说。我们有谁能够否认索姆奈这段预言的正确性呢？

　　著名政治家爱维莱特也曾在葛底斯堡一口气演讲了两个小时。他所说的话早已被人们所遗忘，而林肯的演说却不到两分钟，有位摄影师企图拍下他发表演说时的照片，但等这位摄影师架起他那架老式的照相机及对准焦距之时，林肯已经结束了演说。

　　林肯在葛底斯堡的演说全文已被刻印在一块永不腐朽的铜板上，陈列于牛津大学的图书馆，作为英语文字的典范。研习演说的每一位后生，都应该把它背下来：

　　八十七年前，我们的祖先在这块大陆上创立了一个新的国家，它孕育于自由之中。他们主张人人生而平等，并为此而献身。

　　现在，我们正从事一场伟大的内战，这是一场考验这个国家或者任何一个像我们这样孕育于自由并奉行其主张的国家是否能长久存在的战争。我们聚集在这个伟大的战场上，将这个战场上的一块土地奉献给那些在此地为了这个国家的生存而牺牲了自己生命的人，作为他们的安息地。我们这样做是完全应该和正确的。

　　可是，从更广阔的意义上说，我们并不能奉献——不能圣化——更不能神化这片土地。因为那些在此地奋战过的勇士们，不论是还活着的或是已死去的，已经使这块土地神圣了，远非我们微薄的力量所能予以增减的。世人将不大会注意，更不会长久记住我们在这里所说的话，然而，他们将永远不会忘记这些勇士们在这里所做的事。相反的，我们活着的人，应该献身于勇士们未竟的工作，那些曾在此地战斗过的人们已经把这项工作英勇地向前推进了。我们应该献身于留在我们面前的伟大任务——我们要从那些勇于牺牲的战士身上汲取更多的奉献精神——我们要在这里下定决心使那些死去的人不致白白牺牲——我们要使我们的祖国在上帝的护佑下，获得自由的新生——我们要使这个民有、民治、民享的政府永世长存。

一般认为，这篇演说稿结尾的那个不朽的句子是由林肯独创出来的。真的是由他自己想出来的吗？事实上，林肯的律师合伙人贺恩登在葛底斯堡演说的几年前，就曾送过一本巴克尔的演说全集给他。林肯读完了全书，并且记下了书中的这句话："民主就是直接自治，由全民治理，它属于全体人民，并由全体人民分享。"不过巴克尔的这句话也有可能是从韦伯斯特那里借用来的，因为韦氏在巴克尔讲这句话的4年之前就曾在一封给海尼的复函中说过："民主政府是为人民而设立的，它由人民组成，并对人民负责。"如果进一步追根溯源的话，韦伯斯特则可能是从门罗总统那里借用来的，因为据考证，门罗总统早在韦氏讲此话的三分之一世纪之前就发表过相同的看法。那么门罗总统又该感谢谁呢？在门罗出生的500年前，英国宗教改革家威克利夫就已在《圣经》的英译本前言中说："这本《圣经》是为民有、民治、民享的政府所翻译的。"远在威克利夫之前，在耶稣基督诞生的400多年前，克莱温在向古雅典的市民发表演说时，也曾谈及一位统治者应用"民有、民治及民享"的制度来治国。至于克莱温究竟是从哪位祖先那儿获得的这个观念，那就无从考究了。

在这个世界上，真正货真价实的所谓全新的事物实在是太少了。纵使是最伟大的演说家，也要借助阅读的灵感及得自书本的资料。

从书本中学习！它就是取得成功的秘诀。一个人要想增加及扩大自己的文字存储量，他就必须经常让自己的头脑受文学的洗礼。约翰·布莱特说："我一进入图书馆，就会感到一阵悲哀，因为自己的生命太短暂了，我根本不可能充分享受呈现在我面前的如此丰盛的美餐。"布莱特15岁时离开学校，到一家棉花工厂工作，从此就再也没有机会上学了。令世人惊奇的是，他却成为他那个时代最耀眼的演说家。他以善于运用英语文字而闻名。他对那些著名诗人的长篇诗句反复阅读，潜心研究，还详细地做笔记，并能将其中的一些精彩句子倒背如流。这些诗人包括拜伦、弥尔顿、华兹华斯、惠特曼、莎士比亚、雪莱等。他每年都要把弥尔顿的《失乐园》从头到尾看一遍，以增加他的词汇及文学素养。

英国演讲家福克斯通过大声朗诵莎士比亚来改进他的风格。格雷史东把自己的书房称为"和平殿堂"，有15000册藏书，他承认因为阅读圣奥古斯丁、巴特勒主教、但丁、亚里士多德和荷马等人的作品而获益匪浅，荷马的希腊史诗《伊利亚特》和《奥德赛》使他很着迷，他写下了六本评论荷马史诗和他的时代背景的书。

英国著名政治家、演讲家皮特年轻的时候，经常阅读一两页希腊文或拉丁文作品，然后翻译成英文。他十年如一日，每天这样做，结果"他获得了无人能比的能力：在不需事前思考的情况下，就能把自己的思想化成最精简、最佳排列的语言"。

古希腊著名演讲家、政治家德摩斯梯尼抄写了历史学家修昔底德的历史著作八次，希望能学会这位历史学家的华丽高贵又感人的措辞。结果两千年后，威尔逊总统为了改进自己的演讲风格，就特别去研究德摩斯梯尼的作品。英国著名演讲家阿斯奎斯发现，阅读大哲学家伯克莱主教的著作，是对自己最好的训练。

英国桂冠诗人但尼生每天都研究《圣经》，大文豪托尔斯泰把《新约福音》读了又读，最后竟然背诵下来。罗斯金的母亲每天逼他背诵《圣经》的章节，又规定每年要把整本《圣经》大声地朗读一遍，"每个音节，一词一句，从创世纪到启示录"一点也不能少。所以，罗斯金把自己的文学成就归功于这些严格的训练。

RIS被公认是英国文字中最受人喜爱的姓名缩写，因为它代表了苏格兰著名作家史蒂文森，他可以算是作家中的作家。他是怎样获得让他闻名于世的迷人风格的呢？他这样讲述他的故事：

每当我读到特别让我感到愉快的一本书，或一篇文章的时候——这书或文章很恰当地讲述了一件事，提出了某种印象，或者它们含有显而易见的力量，或者在风格上表现出愉快的特征——我一定要马上坐下来，模仿这些特点。第一次不会成功，一般都这样；我就再试一次。常常连续几次都不会成功，但至少从失败的尝试里，我对文章的韵律、各部分的和谐与构造等方面，有了练习的机会。

我用这种勤奋的方法模仿过海斯利特、兰姆、华兹华斯、布朗爵士、迪福、霍桑及蒙田。不管喜不喜欢，这就是学习写作的方法。不管我有没有从中获得收获，这就是我的方法。大诗人济慈也是用这种方法学习，而在英国文学上再也没有比济慈更优美的诗人了。这种模仿方法最重要的一点是：模仿的对象，总有你无法完全模仿的特点。去试试看，一定会失败的。而"失败是成功之母"的确是一句古老又十分准确的格言。

我们举出很多的成功人物的例子，这个秘诀已经完全公开。林肯在给一位渴望成为名律师的年轻人的信上说："成功的秘诀就是拿起书本，仔细阅读及研究。工作，工作，工作才是最重要的。"

05 丰富的词汇能
帮助你跟人打交道

在你读完《如何度过一天二十四小时》以后，你可能会对同一位作者的另一部著作产生兴趣。那就试试《人类机器》。这本书将会帮助你学会如何更圆熟地与他人打交道。它也将协助你将自己潜藏着的镇静与泰然自若的优点发掘出来。

我们在此推荐这些书，不仅是推荐它们的内容，也推荐它们的表达方式，因为它们一定能增加及改进你的词汇。

另外，几本有帮助的书也一并介绍如下：弗兰克·诺里斯的《章鱼》和《桃核》，这是美国有史以来最好的两本小说。前者叙述发生在加利福尼亚的动乱与人类悲剧；后者描述芝加哥交易所股票市场经纪人的明争暗斗。托马斯·哈代的《苔丝》，这是写得最美的一本小说。希里斯的《人的社会价值》，以及威廉·詹姆斯教授的《与教师一席谈》，是两本值得一读的好书。法国名作家摩路瓦的《小精灵，雪莱的一生》，拜伦的《哈洛德的心路历程》以及史蒂文森的《骑驴行》，这些书也都应该列入你的书单中。

请爱默生每天与你做伴。你可以先阅读他那篇评论《自恃》的著名论文。让他在你耳边轻声念出像下面一些如行云流水般的句子：

说出隐藏在你内心深处的信念，它应该是世界性的；因为最内部的通常会成为最外部的——我们最初的思想经由最后审判的喇叭声传回我们身上。思想的声音对每个人都是很熟悉的，我们认为，摩西、柏拉图和弥尔顿等人的最大功绩就是，他们不受制于书籍及传统，他们不仅说出人们所说的，也说出他们所想的。每个人都该学会侦测及注意自内部闪现过他脑海的光芒，而不必去注意所谓贤者及智者的开导。然而，他却不知不觉地放弃了他的思想，因为那是他的思想。在每一位天才的作品中，我们往往会发现被我们遗弃的思想，他们带着某种疏远的高贵气质又回到我们眼前来。伟大的艺术作品不会对我们构成比这更有影响的教训。它们教导我们，以良好脾气的不妥协态度忠于自然地出现在我们脑中的印象，而不是像我们大多数时间那样，将来自我们脑海深处的声音置于一旁。否则，明天就有一位陌生人以良好的感性，正确说出我们所想的一切，同时，我们随时要被迫羞辱性地从别人那儿去获知我们自己的意见。

每个人的教育过程中，总有一段时间他会发现，嫉妒是无知的行为；模仿是自杀；不管是好是坏，他必须自己承担；虽然这个世界慈悲为怀，但每个人必须辛勤耕种分配给他的那块土地，才能获得粮食。存在于他身上的那股力量，是自然界的新事物。除了他自己之外，没有人知道他能够干什么，而他自己也要亲自尝试过之后才会知道。

但我们把最好的作者留在最后。他们是谁呢？有人请亨利·欧文爵士提供一份书单，列出他认为最好的100本书，他回答说："面对这100本好书，我只会专心去研究其中的两本——圣经和莎士比亚。"亨利爵士说得对。你必须到英国文学的这两个伟大的泉源取水喝。要经常去喝，而且要尽量多喝。把晚报丢到一边去，说道："莎士比亚，到这儿来，今晚和我谈谈罗密欧和他的朱丽叶，谈谈麦克白以及他的野心。"

如果你这样做，你会得到什么回报呢？逐渐地，不知不觉地，但必然地，你的辞藻将会开始变得美丽而优雅。慢慢地，从你身上将开始反映出你这些精神伙伴的荣耀、美丽及高贵气质。德国大文豪歌德说："告诉我，你读了些什么，我将可以说出你是哪种人。"

我上面所建议的这项阅读计划，只需要花费很少的意志力，而且只需利用谨慎节省下来的少数时间……你只需每本花上5美元，就可买到爱默生论文集及莎士比亚剧本集的普及版。

马克·吐温如何发展出他对语言文字的灵巧而熟练的运用能力的呢？他年轻时，曾搭乘驿马车，一路从密苏里州旅行到内华达州。旅程缓慢，且相当痛苦，必须同时携带供乘客及马匹食用的食物——有时候甚至还要准备饮水。超重可能代表了安全与灾祸之间的差别，行李是按每盎司的重量收费的，然而，马克·吐温却随身带了一本厚厚的《韦氏辞典大全》。这本大辞典伴随他翻山越岭，横渡荒凉的沙漠，走过土匪及印第安人出没的一片广袤土地。他希望使自己成为文字的主人，凭着独特的勇气及常识，他努力从事达成这项目标所必须做的工作。

皮特和查特罕爵士都把辞典读了两遍，包括每一页，每一个词。白朗宁每天翻阅辞典，替林肯写传记的尼可莱和海伊从辞典里面获得很多的乐趣和启示，他们说，林肯常常"坐在黄昏的阳光下"，"翻阅着辞典，直到他看不清字迹为止"。

这些例子并不特殊。每一位杰出的作家及演讲家都有过相同的经验。

威尔逊总统的英文造诣很高。他的一些作品——对德宣战宣言的部分——在文学史上也有一席之地。他说他学会运用文字的方法是：

我的父亲绝对不允许家中的任何人使用不准确的字句。任何一个小孩子说溜了嘴，必须立即更正，任何生词得立即解释清楚。他鼓励我们每一个人把生词应用在日常的谈话中，以便把它牢牢记住。

纽约一位演讲家，以句子结构严密、文辞简洁优美得到很高的评价。他最近的一次谈话，透露了他准确、有力地使用文字的秘诀。每当他在谈话或阅读时发现不熟悉的词，就立刻把它抄在备忘录上。然后在晚上就寝之前先翻翻辞典，彻底弄清楚那个生词的意思。如果白天没有碰到任何生词，就阅读一两页费纳德的《同义词、反义词和介词》，研究每一个词的准确意义，日后当做最好的同义词使用。一天一个新词——这就是他的座右铭。这也表示，一年他至少增加365个额外的表达工具。这些新词全记在一个小笔记本上，有空闲的

时候就取出来复习。他发现一个新词使用三次后，就会成为他的词汇里永恒的一分子。

使用辞典不仅是为了了解某个词的准确意义，也是为了找出它的来源。在英文辞典里，每个单词的历史和来源，通常都列在定义后的括号内。可不要认为这些每天都在说的单词只是一些枯燥、冷漠的声音，其实它们充满了色彩，有着浪漫的生命。比如说"打电话给杂货店，叫他们送些糖来"。即使是这样平淡的两个句子，我们仍然使用了许多从不同文字借用的词。"telephone"（打电话）是由两个希腊字组成的，"tele"的意思是"远方的"，而"phone"意味着"声音"。Grocer（杂货商）是法文里一个历史悠久的词grossier借用过来的，而法文又是从拉丁文gross-arius演变而来，意思是指零售和批发商人。Sugar（糖）来自法文，法文又源于西班牙语。西班牙语又从阿拉伯文借用，阿拉伯文又脱胎于波斯文，波斯文里的这个词shaker是梵文carkara一词的演变，意思是"糖果"。

再如，你可能在某家公司上班或是自己有了一家公司。公司company源于法文的一个古字companion（伙伴）；而companion由corn（与）和pani（面包）两个词组成。你的伙伴companion就是和你共享面包的人，一家公司company就是由一群想共同赚取面包的伙伴组成的。你的薪水salary指你用来买盐salt的钱——古罗马士兵可以领到买盐的一些津贴，后来有一天一位士兵把他的整个收入称为salarium（买盐钱），成为一个广为流传的俚语词，最后却又成为一个非常受尊敬的英语单词。你现在手中拿着一本书book，这个词的真正意思是指一种树木beech（山毛榉）。因为很久以前，盎格鲁·撒克逊人都把他们的字刻在山毛榉树干上，或是刻在用山毛榉木做成的桌面上。放在你口袋中的dollar（美元），实际上的意义是valley（山谷）。因为最早的钱币是6世纪在圣卓亚齐姆的山谷中铸造的。

再看janitor（看门人）和January（1月）这两个词，都借用意大利西部古国伊楚里亚的一名铁匠的姓氏。这位铁匠住在罗马，专门制造一种特殊的门的锁和门闩。他死后被奉为异教徒的神，有两张脸孔，能同时看到两个方向，代表了门的开启与关闭。因此，介于一年的结束和另一年开始之间的那个月份，就被叫做January或是Janus（这位铁匠的姓氏）。当我们谈到January（1月）或一位janitor（看门人）时，我们等于是在纪念一位铁匠。他活在耶稣诞生的1000年前，娶了一位名叫Jane的妻子。

同样，一年里的第7个月份July（7月），是根据古罗马的JuliusCaesar（恺撒大帝）命名的。奥古斯都大帝为了不让恺撒专美于前，就把下一个月份命名为August（8月）。而且在当时的8月份只有30天，奥古斯都大帝不甘心以他的姓氏为名的月份竟然比以恺撒为名的月份少了一天，他就从2月抽出一天，加入8月里。这种自负心理的痕迹很明显地呈现在你的日历上。真的，你将发现，每个单词都有着这样迷人的历史。

试着从大词典里寻找这些单词的来源：Atlas（地图册）、Boycott（联合抵制）、Cereal（谷类食品）、Colossal（巨大的）、Concord（和谐）、Curfew（宵禁）、Education（教育）、Finance（财政）、Lunatic（疯人）、Panic-stricken（惊慌失措）、Palace（皇宫）、Pecuniary（金钱）、Sandwich（三明治）、Tantalize（逗引）。找出它们背后的故事，这将让它们更加多姿多彩，更加有趣。你会更觉有滋味和乐趣使用它们。

试着正确说出你的意思，表达你思想中最微妙的部分，这不见得是容易办得到的——即使是有经验的作家也不一定办得到。美国著名的女作家芳妮·赫斯特曾经说过，她有时候把写好的句子一改再改，通常要改50次到100次。她说，有一次她还特地计算了一下，发现一个句子竟被她改写了104次之多。另一位著名女作家沃伦坦诚地说，为了从一篇即将在各报纸联合刊登的短篇小说中删去一到两个句子，有时甚至要花掉整整一个下午的时间。

美国政治家莫里斯曾经述说过美国著名作家戴维斯为了找出最合用的词是如何辛勤地工作的：

他写的小说中的每一个词，都是他从他所能想到的无数单词中精挑细选出来的。他所选用的词，都是依据他一丝不苟的判断，且都必须是最能经得起考验的词。每个词，每个句子，每一段落，每一页，甚至整篇小说，都是写了一遍又一遍。他采用的是一种"淘汰"的原则。如果他希望描述一辆汽车转弯驶入某院大门，他首先要作冗长而详细的叙述，任何细节都不放过。然后，他开始一一删除他痛苦思索出来的这些细节。每做一次删除，他都要问问自己："我所要描述的情景是否仍然存在？"如果答案是否定的，他就把刚刚删除的那个细节又放回原处，然后，试着去删除其他的细节，如此一一删除下去。在经过如此千辛万苦的努力工作之后，最后呈现在读者面前的就是那些简洁而明澈的片断。正是有了这一过程作铺垫，他的小说与爱情故事才会一直受到读者的喜爱。

我们大多数人，都没有花如此多的时间也没有如此尽力去辛勤地寻找那些合意的字眼。我们之所以在此举出这些例子，是要向你表明，成功的人是十分重视用正确的语言来表达自己的思考的。

06 幽默会让
   你与众不同

在发表演讲这个极为困难的领域里，没有什么比引起听众发笑更为困难、更为难得的事情了。每一位演讲者在演讲时总幻想着马克·吐温的精彩幽默能降临到自己的身上。为了使自己的演讲表现得好笑，他可能会以一个幽默的故事来开头。然而，他的本性是严肃的，古板得犹如教科书。因此，他的笑话多半不会生效，这种临时改变的态度，会使他的演讲产生一种沉闷的气氛。这正好印证了哈姆雷特的不朽名言："不新鲜的，老套的，平淡而且毫无益处。"

假如一个演员在一群花钱入场观看表演的观众面前，这样失败过几次，观众一定会打开汽水，而且大叫"下台去！"在演讲中，或许一般听众都极富同情心，所以，他们出于纯粹的慈悲心肠，通常都会尽量发出笑声。但同时，在他们的内心深处，定会为这个"幽默"演讲者的失败而大加怜悯。他们本身也觉得极不舒服。

林肯早年在伊利诺伊州第八司法区的酒店讲了许多故事，当时人们甚至要赶几里远的路去听。人们整晚都听他讲故事，却丝毫也不觉得累。据当时在场的一些听众说，他的故事有时令人兴奋得高声大叫，从椅子上跳下来。

这里有一个林肯曾说过的笑话，他每次说完后，听众总会哈哈大笑。我们不妨来看一看：

"有位迟归的旅行者，走在伊利诺伊草原的泥泞路上，他急着要赶回家去，但不幸的是遇上了暴风雨。夜色漆黑如墨，倾盆大雨犹如天堂的水坝泄洪，雷声怒吼，就像炮弹爆炸，闪电击倒了路旁的好几棵大树。最后，在传来一阵这位可怜的旅客一生中从未听见过的可怕的雷声后，他立刻跪倒在地，喘着气说：'哦，万能的上帝，倘若对你来说没有什么差别的话，请你少给我一点雷声，多给我一点闪电吧！'"

也许你就是那种具有难能可贵的幽默感的幸运儿。假如真是这样，那你一定要尽全力去培养它。无论你到什么地方演讲，一定会因此而大受欢迎。但倘若你的才能是在别的方面，那你不必故作幽默。

每一个仔细研究过林肯等人的演讲的人，都会意外地发现，他们很少会在开场白里加入幽默笑话。著名演讲家卡德尔说："我从来不会单纯地为了幽默而说出好笑的故事。"他所说的幽默故事，一定有其观点，对人有所启示。幽默就像蛋糕表面的糖霜，它只是蛋糕层与层之间的巧克力，而不是蛋糕本身。

美国当代著名的幽默演讲家古利兰有个规矩：绝不会在演讲的最初3分钟里说笑话。既然他已经证实这个规矩很有效，那么很多人都不会反对的。如此说来，是不是开场白就一定要十分庄重而且极度严肃呢？也不是。假如你办得到的话，也许能博得听众一笑。你可以说说跟演讲场合有关的事，或是就其他演讲者的观点说几句，极力夸大一些不对头的地方。这种笑话，比一般有关丈母娘和山羊的陈旧笑话更有效几十倍。其实制造欢乐、融洽气氛的最简单有效的方法，就是拿自己开玩笑。叙述自己所遭遇的一些尴尬而荒谬的情景，这才是幽默的真实本质。

杰克·班尼是在广播中最早作弄自己的笑星之一。他把自己当笑柄，取笑自己的吝啬、自己的年龄和自己的小提琴技术。他亦庄亦谐，妙语连珠，使收听率居高不下。

听众对竭尽巧思、不骄矜自负，而又能幽默风趣，不讳言自己的欠缺和失败的人，自然会敞开心扉。相反，制造吹牛皮的形象，或无所不知的专家形象，听众当然要排斥他。

著名作家吉卜林在向英国一个政治团体发表演讲时，在开场白中讲了一个笑话，结果引得听众捧腹大笑。下面就是他讲的那个笑话，让我们看看他是怎样聪明地引人发笑的。

各位女士、先生们：

我年轻时，曾在印度当记者，专门替一家报社报道犯罪新闻。因为这项工作使我认识了许多骗子，所以我认为这是一项很有趣的工作。有时，在我报道了他们以后，我就到监狱去看望这些正在服刑的老朋友。我记得有一个人，他是因为谋杀而被判无期徒刑的。他是一个聪明、说话温和而有条理的家伙，他自称要把他的生活教训告诉我。他说，以他为例，一个人一旦做了不诚实的事，就很难自拔，只有一件接一件地不诚实地做下去。到最后他发现，必须把某个人除掉，才能恢复自己的正直。目前，我们的内阁正是如此。

他讲述的是自身的一些经验，而不是一些陈旧的轶闻往事，并且好像开玩笑一样强调了其中不对劲儿的地方，自然就收到了意想不到的效果。

幽默是一种一触即发的事，跟个人的特点和性格有很大的关系。在发表演讲的这个极为困难的领域里，还有什么比引起听众发笑更困难、更为难得的呢？记住，故事本身并没有太大差别，听众所感兴趣的是说故事者的叙述方式。

英国作家哈里兹特说："幽默是说话的调味品，而不是食品。"所以，使用幽默的表达方式一定要分清场合、对象。法国文学家德哥勃拉评论说："幽默是比宇宙力更麻烦的问题，是文艺批评上的不规则的多边形！永远没有人能够分析一个幽默作家的心理，这种心理使人捉摸不定，好比生物学家追赶的蝴蝶，当你刚以为捉住了它的时候，它却逃走了。"

尽管幽默是这样不可捉摸，但是在演讲中加入恰到好处的幽默还是必要的。

幽默不仅反映出一个人随和的个性，还显示了一个人的聪明智慧以及随机应变的能力。但需要注意的是，幽默既不是毫无意义的插科打诨，也不是没有分寸的卖关子，耍嘴皮。幽默要在入情入理之中，引人发笑，给人启迪，这需要一定的素质和修养。幽默是引人发笑的，但并不是幽默的目的，真正的目的在于使人们在笑声中得到深刻的哲理，发现一些有价值的东西，从而得到启迪。那些古今有名的大演讲家几乎都是"笑的哲人"，正如英国大戏剧家莎士比亚所说的那样："幽默风趣是智慧的闪光。"

第三章
做事先做人

　　面对人生的竞争漩涡，智者懂得绕开漩涡，首先保全自己，继而奔向自己的目标；而平庸者以为进入竞争的漩涡，只要自己不站错队伍，就能达到自己的目标，结果往往是迷失在漩涡当中。

01 懂得
感恩

凡事只要你对人、事、物保持一颗感恩的心，你一定会成功。

感恩，是结草衔环，是滴水之恩涌泉相报。感恩，是一种先付出爱心又得到爱心的回报；感恩，是一种美德，是一种境界。感恩，是值得你用一生去等待的一次宝贵机遇。

在一次与成功者对话的论坛上，主持人请台上的企业家谈谈自己成功的秘诀是什么。企业家沉思了片刻，然后说："拥有一颗感恩的心。"凡事只要你对人、事、物保持一颗感恩的心，你一定会成功。

一位老人坐在一个小镇郊外的马路旁边。有一位陌生人开车前来这个小镇，看到了老人，他停车，打开车门，询问老人："这位老先生，请问这是哪个城镇呢？住在这里的是哪一种人呢？我正打算搬来居住呢！"

这位老人抬头看了一下陌生人，回答："你刚离开的那个小镇上的人们，是哪一种类型的人呢？"

陌生人说："我刚离开的那个小镇上住的都是一些不三不四的人。我们住在那里没有什么快乐可言。所以我打算要搬来这里居住。"

老人回答说："先生，恐怕你要失望了，因为我们镇上的人，也跟他们完全相似。"

不久之后，又有另一位陌生人向这位老人询问同样的问题，"这是哪一种类型的城镇呢？住在这里的是哪一种人呢？我们正在寻找一个城镇定居下来呢！"

老人又问他同样的问题："你刚离开的那个小镇上的人们到底是哪一种类型的人？"

这位陌生人回答："哦！住在那里的都是非常好的人。我的太太跟小孩子在那里度过了一段很好的时光，但我正在寻找一个比以前居住的地方更有发展机会的小镇。我很不愿离开那个小镇，但是我们不得不寻找更好的发展前途。"

老人说："你很幸运，年轻人。居住在这里的人都是跟你们那里完全相

同的人。你将会喜欢他们，他们也会喜欢你的。"

如果我们是在寻找不良的人，那么我们就一定会真的遇到不良的人。如果我们是在寻找好人，我们就一定会遇到好人。一颗感恩的心，是你不断前进的保障。人生在世，不可能一帆风顺，种种失败、挫折、痛苦都需要我们勇敢地去面对和解决。这时，是一味埋怨生活，从此变得消沉、萎靡不振？还是对生活满怀感恩，跌倒了再爬起来？英国作家萨克雷说："生活就是一面镜子，你笑，它也笑；你哭，它也哭。"你感恩生活，生活将赐予你灿烂的阳光；你只知一味地怨天尤人，最终可能一无所有！

拥有一颗感恩的心，是一种豁达，一种高尚的人格，一种魅力的体现。感谢生命，感谢我们所拥有的一切。

02 帮助别人
也是帮助自己

无数时刻，就在你帮助别人的时候，不经意间也帮助了自己。

富勒说："人类始终把一条黄金法则当成行为的准则。这项法则是：种什么因，收什么果。你可以欺负别人，但是根据黄金法则，最后你自己会尝到恶果。"这项法则不仅适用于你的行为，也适用于你所有的思想。

吉姆是一位社区小卖部的老板，由于另一位对手的竞争而使他陷入困境，面临停业。他真想用一块砖头敲碎对手的脑袋。为了缓解心中的压力，吉姆每周都会到教会做礼拜。有一天听牧师讲道，有一句话让他感触很深"帮助别人的同时也是在帮助自己"。

为了让自己的小卖部不至于停业，吉姆不得不四处奔走，增加品种同时降低价格。一天，一位住在弗吉尼亚的老顾客打电话告诉吉姆，自己承接了一个大型社区联欢会，需要一批新鲜的果冻和奶酪，过几天就来和吉姆签合同。这笔业务要是做成了，无疑是给吉姆的小卖部注入了新鲜的血液，可是让吉姆遗憾的是他的小卖部由于技术和设备的限制，不能成功保鲜这批食物，而他的那个对手却能办到。但他的对手却不知道这么一项业务。吉姆记起了牧师的忠告，把这个商业信息告诉了他的竞争对手。对手很顺利的就完成这笔生意。

这次合作成功之后，吉姆的竞争对手觉得吉姆的为人很值得称道，于是就主动要求和吉姆的小卖部搞联营。吉姆当然是喜出望外，因为他再也不担心面临停业了。

竞争与合作是相辅相成的，当自己的实力和对手的实力无法匹敌时，可以通过合作来达到我们想要的结果，这不是一种妥协，而是一种双赢。合作的方式有很多种，如何选择，就需要你认真仔细的考虑了。

一年冬天，年轻的哈默随一群同伴来到美国南加州一个名叫沃尔逊的小镇，在那里，他认识了善良的镇长杰克逊。正是这位镇长，对哈默后来的成功影响巨大。

那天，下着小雨，镇长门前花圃旁边的小路成了一片泥潭。于是行人就从花圃里穿过，弄得花圃一片狼藉。哈默不禁替镇长痛惜，于是不顾寒雨淋身，独自站在雨中看护花圃，让行人从泥潭中穿行。

这时出去半天的镇长满面微笑地从外面挑回一担煤渣，从容地把它铺在泥潭里。结果，再也没有人从花圃里穿过了。镇长意味深长地对哈默说："你看，给人方便，就是给自己方便。我们这样做有什么不好？"每个人的心都是一个花圃，每个人的人生之旅就好比花圃旁边的小路，而生活的天空不仅有风和日丽，也有风霜雪雨。那些在雨中前行的人们如果能有一条可以顺利通过的路，谁还愿意去践踏美丽的花圃呢？

后来，哈默在艰苦的奋斗下终于成了美国石油大王。一天深夜，他在一家大酒店门口被黑人记者杰西克拦住，杰西克问了他一个最敏感的话题："为什么前一阵子阁下对东欧国家的石油输出量减少了，而你最大对手的石油输出量却略有增加？这似乎与阁下现在的石油大王身份不符？"

哈默听了记者这个尖锐的问题，没有立即反驳他，而是平静地回答道："给人方便就是给自己方便。那些想在竞争中出人头地的人如果知道，关照别人需要的只是一点点的理解与大度，却能赢来意想不到的收获，那他一定会后悔不迭。给人方便，是一种最有力量的方式，也是一条最好的路。"

在公司里，如果领导能真正关心部属，关心工作伙伴，甚至关心客户，同时关心到他们的家人，让他们感觉到，这是非常重视家庭生活的一个组织，在这里工作是希望每个人更好，甚至是他的家人都能够过得更好。用这样的理念来关心这个社会，关心周围的每一个人，这样做的结果，会比得到追求财富上的成功，或是个人的成就感，要来得更有意义。

如果我们能做到处处事事都依照"与人方便与己方便"的原则行事，"宁愿自己揽下麻烦，不给别人增添困难"的话，心存这般古道热肠，办事定会左右逢源。你不仅会赢得四海的朋友，还会招来八方财源。与人方便就是与自己方便，好心回报如愿以偿。

03 善于 学习

　　成就只是起点，谦虚学习别人的长处、补自己的不足之处，才能在职场上立于不败之地。

　　一个人要保持谦虚的姿态，善于学习他人的长处，以积累更多的经验，进而发展自己的才能，拥有更高的权威。反之，如果一个人自以为是、骄傲自大、目空一切，只能阻碍自己的发展，最终一事无成。

　　王刚毕业于北京某名牌大学，现就职于一家策划公司。他的个人能力很强，是公司的得力干将。他主持策划的几套企业方案为公司带来了很大的社会效益，一些中小企业也常常请他帮忙做些形象策划，并付给他丰厚的报酬。

　　按常理来说，王刚的资历和能力早该升到部门主管了，可到如今他还是个一般职员。在他眼里，公司里的人都是一些无能之辈，张三李四经常是他评说的对象，王五赵六也不是他的对手，就连公司的老总他也不放在眼里，整天一副洋洋得意、高高在上的样子。但由于他的工作能力强，公司领导也想提拔他，可一到考核时，同事们都说与他不好共事，并表示不愿到他所负责的部门做事。

就这样，王刚成了"孤家寡人"。老总一谈到他，也总是无可奈何地摇头说："他就是恃才傲物、个性太强了。"

孔子说："三人行，必有我师焉。择其善者而从之，其不善者而改之。"意思是在众人之中一定有值得我学习的东西，因而要虚心学习别人的长处，把别人的缺点当镜子，对照自己，有则改之，无则加勉。所以敏而好学，不耻下问，虚怀若谷，应该成为每一个居于人生巅峰的企业家们的重要修养。

当你在工作上有了一定的成就时，千万不要恃才傲物，要做到谦虚谨慎，放低自己的姿态。成就只是起点，虚心学习别人的长处、补自己的不足之处，才能在职场上立于不败之地。

年轻人有远大的理想固然是好事，但是如果不能脚踏实地做人，理想也就无从实现。如果不及早纠正眼高手低的毛病，那么你的梦想迟早会变为空想。

郭英毕业于某大学外语系，她一心想进入大型的外资企业，最后却不得不到一家成立不到半年的小公司"栖身"。心高气傲的她根本没把这家小公司放在眼里，她想利用试用期"骑驴找马"。在郭英看来，这里的一切都不顺眼——不修边幅的老板、不完善的管理制度、土里土气的同事……自己梦想中的工作可完全不是这样。"怎么回事？""什么破公司？""整理文档？这样的小事怎么能让我这个外语系的高才生做呢？""这么简单的文件必须得我翻译吗？""噢，我受不了了！"就这样，郭英天天抱怨老板和同事，愁眉不展，牢骚不停，而实际的工作也是常常是能拖则拖，能躲就躲，因为这些"芝麻绿豆的小事"根本就不在她的思考范围之内，她梦想中的工作应该是一言定千金的那种。她总是感叹："梦想为什么那么远呢？"试用期很快过去，老板认真地对她说："你确实是个人才，但你似乎并不喜欢在我们这种小公司里工作，因此，对手边的工作敷衍了事。既然如此，我们也没有理由挽留你。对不起，请另谋高就吧！"被辞退的郭英这才清醒过来，当初自己应聘到这家公司也是费了不少力气的，而且就眼前的就业形势来说，再找一份像这样的工作也很困难。初次工作就以"翻船"而告终，这让郭英万分后悔，但可惜一切都已经晚了！

　　郭英犯的是年轻人普遍犯的一个错误：好高骛远。实际生活中，我们要脚踏实地，时时衡量自己的实力，不断调整自己的方向，才能一步一步达到自己的目标。但凡在事业上取得一定成就的人，大都是从简单的工作和低微的职位上一步一步走上来的。他们总能在一些细小的事情中找到个人成长的支点，不断调整自己的心态，走向成功。而"眼高手低"只会让你永远站在起点，无法到达终点。

桀骜不驯、将尾巴翘到天上的人，往往没有自知之明，没有放下架子甘当小学生的决心，即便是爬到了高山的顶峰，一朝失势就会被摔得很惨。

王丰是一位大学生，在所有人眼里，成绩好的他注定会成就一番大事业。

正如人们所预料的，他确实成就了一番事业。只是在外人看来，这番事业却有点和他的身份不相符——卖蚵仔面线卖出了成就。

毕业后不久，还没找工作的王丰得知家乡附近的夜市有个摊子要转让，就向家人"借钱"买了下来。出于对烹饪的兴趣，他便自己当老板，卖起了蚵仔面线。"一个大学生竟然卖起了蚵仔面线？"很多人对此想不明白，但这种"大学生效应"也为他招揽了不少生意。他自己也并没有觉得卖面线有什么丢脸、见不得人的。他的生意越做越大，最终成就了一番事业。

吃得苦中苦，方为人上人。在刚涉入社会的时候，不妨放下架子，甘心从基层干起。有所失必有所得，只有放得下，才能拿得起，舍不得放下自己的虚架子，是不能得到别人赏识的。

所以，在这个波诡云谲的世界里，只有懂得低调做人的人，才能够在社会这个纷繁的大舞台上扮演好自己的角色，才能够在人生的旅途中走好每一段路，从而在复杂的人际环境中绕开弯路，开创出一个广阔的发展空间，成就辉煌事业，演绎精彩人生。

04 不要过分
炫耀自己

当我们大为谦卑的时候，便是我们最近于伟大的时候。

老子曾对年轻时的孔子说："良贾深藏若虚，君子盛德，容貌若愚。"意思是善于做生意的商人，总是隐藏其宝货，不令人轻易见之，君子品德高尚，而外表却显得愚笨。其深意是告诫人们，过分炫耀自己的能力，将欲望或精力不加节制地滥用，是毫无益处的。

俗话说："人怕出名，猪怕壮""树大招风"说的都是这些。如果你过分地显山露水，就会招致别人的误会、嫉妒甚至陷害。泰戈尔曾说过："当我们大为谦卑的时候，便是我们最近于伟大的时候。"所以我们为确保不给自己带来不必要的麻烦，就应该收敛一些。

琳娜小姐是英国一著名公司的总裁顾问，平时经常和总裁打交道，经常得到总裁的嘉奖。而这一切都被公司的其他同事们看在眼里，嫉恨在心里。然而，她又是一个爱说爱笑的人，每次都在同事面前炫耀自己的功劳，总裁是如何表扬自己的，都说了些什么，等等。事实上涉世不深的她只是想把自己的喜悦同大家分享一番，殊不知，这却害了自己。每当她向他们提起时，同事们纷纷投来羡慕、嫉妒甚至仇恨的目光。慢慢地，她的工作也很难开展了。为此，琳娜烦恼了好一段时间。

　　最后，她翻阅有关人际关系方面的图书得知，自己每次在同事面前滔滔不绝、口若悬河的行为都让大家感觉不舒服，给人的感觉就是在故意炫耀自己的成绩。这样使得别人难以接受。这下她突然间明白了，从那以后，她不再像以前那样了。相反，她每次都是认真做一个听者。慢慢地，同事们对她也改变了态度。

　　在生活中，并不缺乏那种凡事三思而后行，不抢风头，不冒险的人。这些人在生活上不"张扬"，工作上也讲究低调，听从领导安排，经验跟别人学习，遇事先要等一等，看一看，有成绩怕抢了领导的风头，有进步怕引来同事的嫉妒，凡事都要圆满。而正是这些人，成为最后的胜利者。

　　某软件公司去年招聘了两名软件技术开发人员，一个叫汤姆，一个叫彼得。两个人均从英国剑桥大学毕业，修的都是计算机专业。汤姆是一个性格外向且易表现的人，处处想表现自己，证明一下自己的实力，从而取悦老板。相反，彼得是一个很内向的人，平时少言寡语。每天都本分地做着自己分内的工作。技术开发部除了他们两个人之外，还有两位老人，他们进公司已经有五年了。有一次，主管亨利把他们几个人叫到一起说："现在有个游戏软件需要你们研究一下，最后做成一个寓智慧与娱乐于一体的给中学生玩的游戏软件。时间是半个月。"话音刚落，汤姆觉得这正是表现自己的最好时机，于是立刻站起身来说："主管，把这个交给我去做吧，我在上学的时候就已经独立做过了。"主管看了看汤姆，说："有勇气，有胆量，好样的。"

当然，主管又重新交给另外三个去做其他的软件了。

汤姆回去以后，马上投入状态。去图书馆查资料，到学校做调查。每天都工作十几个小时。可过了一个星期，汤姆也不知到底从哪儿下手。他看着彼得和自己的另外两个同事都有条不紊地做着自己的事。另外两个同事对彼得的印象也是非常好，谦虚谨慎、虚心好学的彼得为自己赢得了人气指数。汤姆则显得很孤立，没有人愿意搭理他，在他不知如何下手进行工作时，也没有人愿意帮助他。日子就这样一天一天地过着，眼看就快到交活的时候了，汤姆急得像热锅上的蚂蚁一样。而彼得他们的软件则即将完成，只剩最后的一点工作了。其实，不是大家不愿意帮助汤姆，只是，他们手上也有活，要是不在规定的时间里完成的话，就等着被主管骂，严重时还会被开除。

果不其然，汤姆由于没有在规定的时间内完成，主要是他根本就不知如何下手操作。他有的只是理论，在实践方面还很欠缺。主管很忌讳那些不懂还不虚心学习的人。他认为汤姆不会有太大的潜能，也不会做出多大的成绩，所以下决心把汤姆炒了。而彼得则因为谦虚好学，凭借自己在学校的理论知识作指导，很有创意的开发过好几张游戏软件，而且他从不把成绩归于自己的头上，说全都是大家的努力，从而很快就得到主管的赏识，被提拔为部门主任。

根基坚固，才有繁枝茂叶，硕果累累；倘若根基浅薄，便难免枝衰叶弱，不禁风雨。而低调做人就是在社会上加固立世根基的绝好姿态。低调做人，不仅可以保护自己、融入人群，与人和谐相处，也可以让人暗蓄力量、悄然潜行，在不显山不露水中成就事业。为了使自己的人生一帆风顺地走向成功，我们应该学会谦虚、谨慎，不要让别人知道你比他聪明。

05 充满热情
与自信

    强烈的自信心，能鼓舞自己的士气，在许多时候会取得意想不到的效果。

    14世纪，莫卧儿帝国的一位皇帝在一次战役中大败，自己蜷缩在一个废弃马房的食槽里，垂头丧气。这时，他看到一只蚂蚁拖着半粒玉米，在一堵垂直的墙上艰难地爬行。这半粒玉米比蚂蚁的身体大许多，蚂蚁爬了69次，每次都掉下来，它又尝试第70次。这位皇帝想：蚂蚁尚能如此，我为什么不？他终于重整旗鼓，打败了敌人。

    现实生活中，为什么那么多人在困难面前低头，不能够像那位莫卧儿帝国的皇帝一样最终取得成功呢？德国哲学家黑格尔说："没有热情，世界上没有一件伟大的事能完成。"

    热情高于事业，就像火柴高于汽油。一桶再纯的汽油，如果没有一根小小的火柴将它点燃，无论它质量怎么好也不会发出半点光，放出一丝热。而热情就像火柴，它能把你具备的多项能力和优势充分地发挥出来，给你的事业带来巨大的动力。

　　一个没有热情的领导，整天无精打采，没有丝毫的朝气，那么，他的职员一定也会因此而失去工作的兴趣，当大部分职员都没了工作热情时，领导再怎么努力地去工作也会于事无补，只能眼睁睁地看着自己的单位垮掉。有许多出色的领导者，都是凭一股对事业的执著与热情，历尽艰辛，最后才取得成功的。

　　有一个哲人曾经说过："要成就一项伟大的事业，你必须具有一种原动力——热情。"英国的乔治·埃尔伯特也指出："所谓热情，就像发电机一般能使电灯发光、机器运转的一种能量；它能驱动人、引导人奔向光明的前程，能激励人去唤醒沉睡的潜能、才干和活力；它是一股朝着目标前进的动力，也是从心灵内部迸发出来的一种力量。"

蒸汽火车头为了随时产生动力，即使停放在车库中时，也必须不断加燃料，让锅炉中的煤炭始终处于燃烧状态。人也同样如此，我们必须始终保持着旺盛的热情。甘·巴卡拉曾说过："不管任何人都会拥有热情，所不同的是，有的人的热情只能维持30分钟，有的人热情能够保持30天，但是一个成功的人，却能让热情持续30年。"

当你的脚踩上加速器时，汽车便会马上产生一股动力，向前行驶。而热情也理应如此。因此，你必须牢记：热情是动力，思想是加速器，而你的心就是加油站。

热情是自信的来源，自信是行动的基础，行动是进步的保证。任何人都愿意相信自信的人，一个觉得自己没有希望，连自己都不相信的人，是不可能取得什么成就的。因为，有时候，并不是你真的没有能力完成一件事，而是因为恐惧和悲观导致你无法完成。

如果独木桥的那边是结满硕果的园子，自信的人会毫不犹豫大胆地走过去采摘自己喜爱的果子，而缺乏自信的人却在原地犹豫：我是否能走过去？而在你犹豫的时候，果实早已被大胆行动的人采光了。

任何一个成功者都充满自信。强烈的自信心，能鼓舞自己的士气，在许多时候会取得意想不到的效果。

美国政坛巨头哈瓦·法勒斯曾经说过："对一个企业来说，一个政府部门来说，乐观和热情就像克服摩擦的润滑剂一样。乐观能使人对新的选择或方案保持开放，能够使人以一种愉快的心情和积极的心态来看待和处理他所面对的事情。"相反，情绪悲观，则让人始终沉浸在郁闷、消极的心境里，不能正确面对迎接的挑战。

在你合作的群体里，每个人的能力都不会相差得太悬殊，每一个人的机遇也是大致均等的。因此，在你合作的群体里，你总想能取得竞争的胜利，占据竞争的优势，这个想法是不太正确的，也是不太现实的。

任何人都一样，既有在合作中竞争胜利的可能，也有失败的可能，胜利了，固然可喜可贺，但失败了，也一定要想得开。你必须明白：阳光不可能每时每刻都照耀着你，而不去照顾一下别人，每个人都会经历到竞争失败的结果，即使失败了，也应该乐观地看待，不要始终沉浸在悲观之中，好像觉得自己永无出头之日一样。

你如果在竞争中被对手打败，不妨笑着面对现实，并且向你的合作者兼竞争者表示友好和祝贺，这既能使你在你的合作者中显示出大将风度，又能增添自己战胜失败的信心。

你在一次竞争中失败了，并不意味着你以后的每次竞争都会失败。失败后，在保持乐观情绪的情况下，认真总结经验，分析自己失败的原因、竞争对手获胜的原因，那么在下一次较量中你就很有可能尝到胜利的滋味，把失败的痛苦留给你的竞争者对手。

相反，如果你失败后，悲观消沉，一蹶不振，那么，你在下一次竞争中会再次名落孙山，那就真的永无出头之日了。

人的一生要面对许多人，经历许多事，但无论如何都要活得平凡而高贵。其实这也不难，只要能学会热情、自信，平静做人就够了。

06 胜利的时候
更要保持平常心

胜利之后，让自己冷静下来，得意莫忘失意时，再接再厉，继续投入到人生新的一段旅途中。

如果沉迷于以往所取得的成就当中，将会失去对未来的判断能力，而产生骄傲自满的情绪。我们应该把已取得的成绩作为继续奋斗的新起点，以饱满的热情和充沛的精力，重新回到以零为基础的起跑线上，开始新一轮的拼搏！

惹人喜爱的动画明星米老鼠和唐老鸭的形象从20世纪30年代开始风靡世界，经久不衰，深受成人和儿童的喜爱。它们的设计者沃尔特·迪士尼也被人们称为卡通片大王。他是有声动画片和彩色动画片的创制者，曾荣获奥斯卡金像奖。后来，他又根据这些可爱的银幕形象设计和创建了被称为世界第九大奇迹的迪士尼乐园。

沃尔特·迪士尼1901年出生于美国芝加哥，他的父亲是西班牙移民。15岁时，沃尔特就确定了自己一生的理想。在他看来，自己最大的本领就是有异于常人的艺术感知力。他认为，自己将来有可能靠画画挣钱，当一名画家，于是便把课余的时间都用在绘画上。他白天上学，晚上到芝加哥画院学画。20岁时，沃尔特到一家广告公司工作。这期间他经常光顾电影院，成了好莱坞喜剧明星的崇拜者。这些喜剧片大都是一些既粗糙又幼稚的动画片。年轻的沃尔特既喜爱这种形式，又感到有点不满足，他决心创造出比这更出色的东西来。

此后，沃尔特便经常去堪萨斯公共图书馆，阅览有关电影动画绘画的书刊。1922年，沃尔特有了一点积蓄，他辞去了广告公司的工作，自筹了1500美元，创办了动画片制作公司。米老鼠系列片一部接一部地拍了出来。1932年，迪士尼公司的第一部彩色有声动画片《花儿与树》获得了巨大成功，并获得了当年的奥斯卡奖。《花儿与树》的成功不仅进一步确立了沃尔特·迪士尼在动画片领域的地位，也给他带来极为可观的收入。

1933年，沃尔特又拍成了彩色动画片《三只小猪》，首映时，盛况不亚于米老鼠系列片。当时美国正处于经济危机中，这部片子的主题歌《谁怕大灰狼》风行一时。之后，他又拍了一些米老鼠题材的动画片，并在其中加入了"唐老鸭""普洛托狗"等形象。

1934年，沃尔特在欧洲旅行时，从巴黎的一位老板那儿得到灵感，决定拍一部长动画片《白雪公主和七个小矮人》。当时还没有长动画片问世，因为长片放映时间要大约一个半小时，很多人都认为沃尔特这样做是冒险。但沃尔特坚持了下来。1937年12月，片子拍出来了，果然又是盛况空前。这部片子还被译成各国语言，在全世界放映，盈利比沃尔特预期的还要高出10倍。

沃尔特天生有着无穷的想象力，就在他创作米老鼠、唐老鸭、三个小猪、白雪公主等动画片角色时，他已经开始设计一座童话乐园。在他的想象中，那是一个孩子们的世界，不仅有动画片和童话故事里的人物、建筑和树林，还有各种各样新颖有趣的游戏，总之，应该充满儿童的乐趣。1955年，迪士尼乐园建成并启用。那时他就发现，这座乐园并不完全是属于孩子们的，成年人也和孩子们一样对它怀有极大的兴趣，它成了洛杉矶一处标志性的旅游景点，所有到美国西海岸来的游客都要到此一游，因此，迪士尼乐园收益巨大。后来，他又在美国东部的佛罗里达州建了一座规模更大的乐园，叫做"迪士尼世界"，园内设有酒店和更多的旅游景点，成了美国最有趣的一个度假村。

人性有一个弱点，就是得意忘形，失意变形。但是我们要想成功，就必须克服人性的弱点。也就是说当你得意的时候，一定要淡然，不可忘形，要以平和之心对待，否则，得意的背后往往隐藏着失意。失意时需坚定斗志，不管阴雨蔽日，黑云压城，坚信熬过去便是晴朗的天。得意时需抽身而退，不管鲜花掌声，阳光照耀，需低调埋首，默然缄口，变灿烂为平淡。

健康的心态，就是在你失败时不垂头丧气，怨天尤人；在你成功时不得意忘形，沾沾自喜。人生不可能一帆风顺，无论面对成功还是失败，如果能够坦然一笑，从容淡定，用心体会成功的喜悦或失败的苦涩，反思曾经走过的路，那么继续前行的灯必定会更加明亮。

07 保持一颗
乐观的心

一个人的学历和阅历可以慢慢学，慢慢增长，但一个人的乐观心态是不可能在短时间内树立起来的。

生活中总会遇到各种各样的困境，如果陷入困境不能自拔，便会痛苦万分；如果你有积极乐观的心态，转变看问题的角度，困难将不会束缚你的手脚。保持一颗乐观的心，不必气馁，不必懊恼，默念三声"谢谢"，风雨之后，就是美丽的彩虹。

一个女儿对父亲抱怨她的职业，说自己的工作是那么艰难，她不知该如何应付生活，甚至想要自暴自弃了。她的父亲是位厨师，他把她带进厨房。他往一只锅里放些胡萝卜，第二只锅里放入鸡蛋，最后一只锅里放入碾成粉状的咖啡豆。他将它们浸入开水中煮，一句话也没说。

女儿呱呱嘴，不耐烦地等待着，纳闷父亲在做什么。大约20分钟后，他把火闭了，把胡萝卜捞出来放入一个碗内，把鸡蛋捞出来放到另一个碗内，然后又把咖啡舀到一个杯子里。做完这些后，他才转过身问女儿，"亲爱的，你看见什么了？""胡萝卜、鸡蛋、咖啡。"她回答。

他让女儿靠近并让她用手摸摸胡萝卜。她摸了摸，注意到它们变软了。父亲又让女儿拿一只鸡蛋并打破它。将壳剥掉后，她看到的是只煮熟的鸡蛋。最后，他让她啜饮咖啡。品尝到香浓的咖啡，女儿笑了。她问道："父亲，这意味着什么？"

父亲解释说，这三样东西面临着同样的逆境——煮沸的开水，但其反应却各不相同。胡萝卜入锅之前是强壮的、结实的，毫不示弱，但进入开水后它却变软了，变弱了。鸡蛋原来是易碎的，它薄薄的外壳保护着它呈液体的内脏，但是经开水一煮，它的内脏变硬了。而粉状咖啡豆则很独特，进入沸水后，它们倒改变了水。"哪个是你呢？"他问女儿，"当逆境找上门来时，你该如何反应？你是胡萝卜，是鸡蛋，还是咖啡豆？"

在日常生活中，我们能够一帆风顺固然很好，但是被人冷落也是常有的事。只是有的人总能四两拨千斤，咬咬牙挺过去，让自己走出困境；有的人则一遇到困境，就像是遇到泰山压顶一样，喘不过气来。我们应该认清自身的价值，因为是金子迟早要发光的。

当你认清自己的那一刻，你的自信足以克服任何挫折。所以你在遇到冷落的时候千万不要认为自己一辈子就这样了，也许你的转机就在你所坚持走下去的路上等你。

一个公司的总裁因自己年事已高，想要找一个合适的人选接替自己的位置，却一直都没有适合的人出现。一天，他开车回老家碰上了一个年轻的小伙子正喜气洋洋地庆贺自己的新房落成。满院子挤满了前去庆贺的老乡，大家推杯换盏，一派热闹景象。这位总裁也前去凑热闹，正当大家都开怀畅饮时，只听"轰隆隆"一声巨响，新盖的房子塌了下来。

这时年轻人的父母号啕大哭，众乡亲也都为这年轻人叹息，没想到年轻人却举起酒杯对大家说："没关系，这房子塌了，说明我将来一定会住上比这更好的房子。如果不塌，说不定我一辈子都得住在这房子里，不想努力了！来，为我今后更好的生活干杯！"乡亲们听他这么一说也都不再叹息了，大家继续畅饮，一直闹到了晚上。总裁回到家说起这事，才从家人的口中得知：这位年轻人高考失败后，出门打工，并用自己挣来的钱养活父母，给自己盖房子。这其中，他吃了不少苦，但从来没听说他绝望过。

于是，这位总裁回公司之后，马上就给这个年轻人写了一封信，请他到公司任职，并不断地培养他。总裁退休时极力推荐这位青年，却遭到了董事会的一致反对。因为，董事会成员认为这个年轻人学历和阅历都不够，不足以胜任总裁之职。

但这位总裁说："一个人的学历和阅历可以慢慢学，慢慢增长。但一个人的乐观心态是不可能在短时间内树立起来的，我选择他正是因为我知道他不管在什么情况下都不会对自己失去信心，更不会对公司失去信心。"最终，年轻人赢得了董事会所有成员的认可，并在以后的日子里引领公司在纷繁复杂的商业竞争中树立起了自己的品牌。

我们经常会听到一些人抱怨人生的路越走越窄，看不到成功的希望，但他们又因循守旧，不思改变。其实，天生我材必有用，东方不亮西方亮。如果我们调整一下思路，改变一下心态，完全会出现柳暗花明又一村的无限风光。

如果你自己没有一个好的、积极向上的工作态度和生活态度，即使工作或生活在一个快乐的集体里面，对于快乐和美丽你也是感受不到的。

冬天过去就是春天，黑夜过去就是光明。这是自然界的循环，也彰显了一个人生的哲理：处在最低谷时，再坚持一刻，就会出现转机。然而转机并不是自己送上门来的，而是靠人去发现、去创造、去争取的。

08 可以平淡，
但不可以平庸

人生可以平淡，但不可以平庸。矢志追求者必须勇于从平凡中崛起，在淡泊中丰富智慧，孕育卓越。

杜鲁门当选总统后不久，有一位客人前来拜访他的母亲。客人称赞道："有总统这样的儿子，您一定感到十分自豪吧。"杜鲁门的母亲赞同地说："是这样的。不过，我还有一个儿子，也同样使我感到自豪，他现在正在地里刨土豆。"这真是一位伟大的母亲。其实，生活原本也是这样，只要不平庸，平凡和伟大一样令人自豪。

人生，尤其需要积累。积累平凡，就是积累卓越。积累，是一种智慧，一种信念，一种境界。积累是做人，处事，立德的本分，也是天生我材必有用的前提。一个追求卓越的人，必定是充满自信、勤奋忘我、拼搏进取的人。一个追求卓越的集体必定是朝气蓬勃，奋发图强，充满生机、活力和希望的集体。此时，淡泊宁静不失为一种调适心境、平衡身心的方式。人生可以平淡，但不可以平庸。

无论我们要实现何种人生目标，都绝不可能是一蹴而就的简单，它是需要一个不断积累的过程的。我们要追求卓越，我们不甘心平庸，就要立足于眼下的平凡，踏踏实实地做好本职工作，从日常点滴的小事积累做起……所以，我们要进取、要优秀，只有立足于每一个平凡甚至枯燥的今天，把目标与日常工作有机地结合起来，从平凡做起，从身边的小事做起，把自己经手的每一件事都做得精益求精、尽善尽美，我们才有可能最终迈向卓越的明天。因为卓越就是一种积累的过程。

小王刚参加工作，是到工厂做车工。在那里，师傅要求他每天车完28800个铆钉。一个星期后，他疲惫不堪地找到师傅，说干不了想回家。

师傅问他："一秒钟车完一个可以吗？"小王点点头，这是不难做到的。

师傅给他一块表，说："那好，从现在开始，你就一秒钟车一个，别的都不用管，看看你能车多少吧。"

小王照师傅说的慢慢干了起来，一天下来，他不仅圆满完成了任务，而且居然没有觉得累。

师傅笑着对他说："知道为什么吗？那是你一开始就给自己心里蒙上一层阴影，觉得28800是个多么大的数字。如果这样分开去做，不就是七八个小时吗？"

他恍然大悟。

后来，小王经常和别人说起这个故事。他说："分开去做，听起来简单，实则蕴涵着无穷的成功智慧。如果不是师傅当初那么开导我，我肯定是干不下去的。"正是因为师傅的那句话，让小王明白了，事情要一步步做，路要一步步走。所以，在以后的工作中，他一直踏踏实实做事，认认真真做人。

要想成为一名卓越的员工，不仅要注意细节，还要思路创新。"海不择细流，故能成其大；山不拒细壤，方能成其高"。说明细小事物的力量有时候是无穷大的。其实，看起来微不足道的细节，其中可能蕴藏着巨大的机会。

职位再高的员工，他平常的工作也是由各种小事情来组成的。一个优秀的员工就是这样在小工作中不断地实现自己的理想，向更高更长远的目标前进，这样才能一直保持激情和活力，整个企业也就充满了力量。

每个人都应该有一个长远的目标，甚至可以说是职业生涯的最终目标，这个目标不妨定得远大一些，但是制定人生目标并不是坐下来空想，而是要根据自己的实际情况而定。

长远目标的实现往往需要很长的时间，其中充满了挫折和变数，我们可以把自己的目标分成若干个小目标来实现。

1984年，在东京国际马拉松邀请赛中，名不见经传的日本选手山田本一令人意外地夺得了冠军。当记者问他是如何取得如此惊人的成绩时，他说了这么一句话："用智慧战胜对手。"

当时许多人都认为这个偶然跑到前面的矮个子选手是在故弄玄虚。马拉松赛是体力和耐力的运动，只要身体素质好又有耐性就有望夺冠，爆发力和速度都在其次，说用智慧取胜确实有点勉强。于是，当时的报纸充满了对山田本一的嘲讽。

两年后，在意大利国际马拉松邀请赛上，山田本一又代表日本参加比赛。这一次，他又获得了冠军，记者又请他谈经验。

山田本一生性木讷，不善言谈，回答的仍然是上次那句话："用智慧取胜。"面对这位名将，这次记者在报纸上没再挖苦他，但对他所谓的"智慧"仍迷惑不解。

10年后，这个谜终于被解开了，他在自传中是这么说的："每次比赛时，我都要乘车把比赛的线路仔细地看一遍，并把沿途比较醒目的标志画下来，比如第一个标志是银行；第二个标志是一棵大树；第三个标志是一座红房子……这样一直画到赛程的终点。

"比赛开始后，我就以百米的速度奋力地向第一个目标冲去，等到达第一个目标后，我又以同样的速度向第二个目标冲去。40多公里的赛程，就被我分解成这么几个小目标轻松地跑完了。起初，我并不懂这样的道理，我把我的目标定在40多公里外终点线上的那面旗帜上，结果我跑到十几公里时就疲惫不堪了，我被前面那段遥远的路程给吓倒了。"

在现实生活中，我们做事之所以会半途而废，其中的原因，往往不是因为难度较大，而是觉得成功离我们较远，确切地说，我们不是因为失败而失败，而是因为倦怠而失败。

只要在自己的岗位上努力工作，不断地学习新的知识，并且在处人方面要善于理解别人，和别人沟通，促进合作，这样的人在各方面才是卓越的。在平凡中日复一日，做一天和尚撞一天钟，是为平庸；在平凡中勇于开拓，不断创新，即为卓越，所不一样的只是面对工作的态度。正如海尔集团董事长张瑞敏所讲："把每一件简单的事做好就是不简单，把每一件平凡的事做好就是不平凡。"

09 吃亏
是福

"吃亏是福"，是人生的一种达观大度，内中蕴含着极为丰富的人生哲理。能吃亏是做人的一种境界，会吃亏更是处世的一种睿智。

很多人见到好处就捞，遇到便宜就占，即使是蝇头小利，见之也会心跳眼红手痒，志在必得。世上没有白占的便宜，每占一份便宜，也许会使你失去一分人格，每捞一份好处，也许会使你失掉一分尊严。同样，世上也没有白吃的亏。吃亏也是一种福气。"吃亏是福"是一种自律和大度，是一种人格上的升华，吃亏之后，势必会赢得理解和尊重。

面对现实，我们应该明白：人的一生，不能只占便宜不吃亏。身在职场，我们一定要习惯于用长远的眼光来看问题，切不可目光短浅，而是要像那些有远见的智者一样，低调做人，主动地去吃点小亏，在减少是非的同时，也为你避免了职业生涯上不必要的失败。

为人处世不要怕吃亏，尤其是当朋友有困难的时候更应如此。要知道，这些行为是最好的感情投资，很可能在以后获得丰厚的回报。

人都有利己之心，面对诱惑，都会不自觉地趋利避害。大多时候我们会认为，确保自己的利益，争取更多的回报是一个人能力的表现，是成功的标志。然而，真正为人处世的大智慧却是学会吃亏。可以说，做人的可贵之处就在于乐于亏己。

"吃亏是福"，是人生的一种达观大度，其中蕴含着极为丰富的人生哲理。能吃亏是做人的一种境界，会吃亏更是处世的一种睿智。与人相处，不必在意吃点眼前亏，要知道，人生之路很长，更多的回报还在后面。

"祸兮福之所伏"，吃些亏可以累积你的经验，提高你的做事能力，同时扩张你的人际网络。

小杨是一家出版社的编辑。他的文笔很好，但更可贵的是他的工作态度。那时出版社正在进行一套图书的发行，每个人都很忙碌，但老板并不打算增加人手，于是编辑部的人也被派到发行部、业务部帮忙，但整个编辑部只有小杨接受了老板的指派，其他的人都是去一两次就抗议了。

小杨说："吃亏就是占便宜嘛！"

事实上也看不出他占到了什么便宜，因为他要帮忙包书、送书，像个包装工一样。

他确实是个可随意指挥的员工，后来他又去业务部，参与直销的工作，此外，连取稿、跑印刷厂、邮寄……只要开口要求，他都乐意帮忙！

"反正吃亏就是占便宜嘛！"他依然这么说。

两年过后，小杨自己成立了一家文化公司，做得还真不错。

原来他是在"吃亏"的时候，把出版社的编辑、发行、直销等工作都摸透了，他的确是占到了大"便宜"！

现在，他仍然抱着这种态度做事，对作者，他用"吃亏"来换取作者的信任；对员工，他用"吃亏"来换取他们的向心力；对印刷厂，他用"吃亏"来换取信誉。

吃亏是福，因为人都有趋利的本性，你吃点亏，让别人得利，就能最大限度调动别人的积极性，使你的事业兴旺发达。

美国亨利食品加工工业公司总经理亨利·霍金士先生突然从化验室的报告上发现，他们生产的食品配方中，起保险作用的添加剂有毒，虽然毒性不大，但长期服用对身体有害。如果不用添加剂，则又会影响食品的新鲜度。

亨利·霍金士考虑了一下，他认为应以诚对待顾客，毅然把这一有损销量的事情告诉了每位顾客，于是他当即向社会宣布，防腐剂有毒，对身体有害。

这一下，霍金士面对了很大的压力，食品销路锐减不说，所有从事食品加工的老板都联合起来，用一切手段向他反扑，指责他别有用心，打击别人，抬高自己，他们联合一起抵制亨利公司的产品，亨利公司一下子跌到了濒临倒闭的边缘。

苦苦挣扎了4年之后，亨利·霍金士已经倾家荡产，但他的名声却家喻户晓。这时候，政府站出来支持霍金士了。亨利公司的产品又成了人们放心满意的热门货。

亨利公司在很短时间里便恢复了元气，规模扩大了两倍。亨利·霍金士也一举登上了美国食品加工业的头把交椅。

事实上，如果你能够平心静气地对待吃亏，表现自己的肚量，往往能够获得他人的青睐，获得经销商所需要的人脉资源，从而获得商业上的成功。

世界上没有白吃的亏，有付出必然有回报，生活中有太多的这种事情，如果过于斤斤计较，往往得不到他人的支持，只有放开肚量，从长远的角度思考问题。吃亏实际上是一种商业投入，吃亏是福。

第四章
办事要低调

　　真正聪明的人懂得权衡利弊，他们重视大利，不夺小利，当争则争，当忍则忍。忍受暂时的屈辱，磨炼自己的意志，寻找合适的机会，正是一个成功者所必不可少的心理素质。只有忍受自己遭遇的不公，才能保全自己的名利。

01 学会
察言观色

善于察言观色的人都应该具备丰富的阅历，有丰富的知识和经验。

出门时，我们大家都非常注意天气的变化，如果天气炎热，你会穿较薄的衣服；天气寒冷，你便会穿暖和的棉衣；阴雨的天气，通常人们都会带伞出行；假如天气状况十分糟糕，大多人都不会选择这样的天气出门，可见人们都知道根据天气变化的情况来做出行的准备工作。但很多人却忽视了交往中"天气"的变化情况，不会察言观色。给自己的交际带来许多不利因素。智者往往善于从交往对象的面部表情来了解其内心的情绪变化，以做出相应的交际措施，而愚者却不善此道，十有八九会把事情弄得很糟，甚至使自己的利益受到损害。

面对合作伙伴，面对老板上司，面对竞争对手，面对主管领导，面对公司同事，我们都应该学会察言观色。通过他们的一些表情、举动、言语，可以从中分析判断出有用的信息。

一家知名大公司招聘，三轮选拔过后，百名应征者还剩下10位，最终将留用5个，因此，第四轮总裁亲自面试。奇怪的是，面试考场出现了11个考生。

当总裁发出疑问时，坐在最后一排的一个男子站起身："先生，我叫薛瑞，在第一轮就被淘汰了，但我想再参加一次面试。"在座的应聘者都笑了，就连站在门口闲看的那个老头儿也笑了。总裁饶有兴趣地问："你第一关都过不了，来这儿还有什么意义呢？"薛瑞说："我掌握了很多财富。"大家觉得此人要么太狂妄，要么是脑子有毛病。薛瑞说："我有9年工作经验，曾在15家公司任过职……"总裁打断他："先后跳槽15家公司，我不欣赏。"薛瑞站起身："先生，我没有跳槽，而是那15家公司先后倒闭了。"一个应聘者说："你真是个倒霉蛋！"薛瑞反驳道："我不倒霉，我只有30岁。相反，我认为这就是我的财富！"

　　站在门口的老头儿走进来，给总裁倒了一杯茶。薛瑞继续说："我很了解那15家公司，我曾与大伙努力挽救它们，虽然不成功，但我从它们的失败与错误中学到了许多东西。"薛瑞离开座位，"与其用10年学习成功经验，不如用同样的时间研究错误与失败；别人的成功经历很难成为我们的财富，但别人的失败过程却能！"薛瑞忽然回过头来，一边转身一边说："这10年经历的15家公司，培养、锻炼了我对人、对事、对未来的敏锐洞察力。就像我发现真正的考官，不是您，而是这位倒茶的老人……"全场10位考生哗然，惊愕地盯着倒茶的老头。那位老头笑了："你第一个被录取了，因为我急于知道我的表演为何失败。"

　　薛瑞凭什么能看出倒茶的老人就是总裁呢？其实答案再简单不过，就因为他在15家公司工作中所锻炼出来的超强的阅历，如此多的经验，让他一眼识破了老板的真身。他看出这个老头举止仪态大气沉稳，透着一股成功人士的自信，况且这样一位不凡的老人怎么可能还只是一个服务人员呢！

　　如果我们每个人都能察言观色，及时地改变先前的决定，及时地把自己的言行进行恰当组合、分解，那么，办事的成功率一定会很高。

02 与优秀的
人在一起

事业成功的人，有赖于结交比自己优秀的朋友，不断地使自己力争上游。

好的朋友不仅可以使我们生存在一定的精神高度，同时也可以使我们感到温馨和自由自在。朋友对事业的发展有举足轻重的作用，有时甚至会超乎我们的想象。

多结交比自己优秀的人可以在你茫然无助的时候，为你指点迷津；当你一蹶不振的时候，使你重新振作；当你忘乎所以的时候，能让你清醒冷静；当你急需要帮助的时候，还能给你雪中送炭。有了这些人的相助，你的人生和事业才会插上腾飞的翅膀，在无垠的蓝天遨游。

美国有一位名叫阿瑟·华卡的农家少年，在杂志上读了某些大实业家的故事，很想知道得更详细些，并希望能得到他们对后来者的忠告。

有一天，他跑到纽约，也不管几点开始办公，早上7点就到了威廉·亚斯达的事务所。

在第二间房子里，华卡立刻认出了面前那体格结实、长着一对浓眉的人是谁。高个子的亚斯达开始觉得这少年有点讨厌，然而一听少年问他："我很想知道，我怎样才能赚得百万美元？"他的表情便柔和并微笑起来，俩人竟谈了一个钟头。随后亚斯达还告诉他该去访问的其他实业界的名人。

华卡照着亚斯达的指示，遍访了一流的商人、总编辑及银行家。

在赚钱这方面，他所得到的忠告并不见得对他有所帮助，但是能得到成功者的知遇，却给了他自信。他开始仿效他们的成功做法。

又过了两年，这位20岁的青年成为他学徒的那家工厂的所有者。24岁时，他是一家农业机械厂的总经理，为时不到5年，他就如愿以偿地拥有百万美元的财富了。这个来自乡村粗陋木屋的少年，终于成为银行董事会的一员。

华卡在活跃于实业界的67年中，实践着他年轻时来纽约学到的基本信条，即多与对自己有益的人结交。会见成功立业的前辈，能转换一个人的机遇。

有一些人总想靠自己的真本事打天下，不依靠任何人，其实这样做是行不通的，当然也不是不可以，只是太辛苦，容易走弯路。许多年轻人总是孤傲地拍着胸脯对自己说，吃点苦算什么，全不把别人的提醒当回事。在打拼的过程中才认识到，成就一番大事业原来是这么困难，于是就会丧失信心，一蹶不振。

怀特是美国印第安纳州小乡镇上的铁道电信事务所的新雇员，16岁时他便决心要独树一帜，27岁他当了管理所所长。后来，他先到西部合同电信公司工作，接着成为俄亥俄州铁路局局长。当他的儿子上学就读时，他给儿子的忠告是："在学校要和一流人物结交，有能力的人不管做什么都会成功……"

你也许会觉得这句话太庸俗。把有能力的人作为自己的榜样并不可耻。朋友与书籍一样，好的朋友不仅是良友，也是我们的老师。

年轻人之所以容易失败，是因为不善于和前辈交际。第一次世界大战中法兰西的陆军元帅福煦曾说过："青年人至少要认识一位善解世故的老年人，请他做顾问。"

萨加烈也说了同样的话："如果要求我说一些对青年有益的话，那么，我就要求你时常与比你优秀的人一起行动。就学问而言或就人生而言，这是最有益的。学习正当地尊敬他人，这是人生最大的乐趣。"

结交比自己优秀的朋友，能促使我们更加成熟，缩短成功的时间，更重要的是能够增加你成功的筹码。人生的道路充满艰辛，所幸的是，我们会在人生的道路上遇到一些能够提携、帮助我们的比我们优秀的人。

我们可以从劣于我们的朋友中得到慰藉，但也必须获得优秀的朋友给我们的刺激，以助长勇气。

　　大部分的朋友都是偶然得来的。我们或者和他们住得很近，因而相识；或者是以未曾预料的方式和他们相识了，结交朋友虽出于偶然，但朋友对于个人进步的影响却很大。交朋友必须经过郑重的考虑之后再决定。

　　总之，事业成功的人，有赖于结交比自己优秀的朋友，不断地使自己力争上游。

　　多结交一些比自己优秀的人，对自己绝对有益无害，他们的睿智并不会将你的优点掩盖，反而会让你不断进步，也成为一个优秀的人，助你走向成功。

03 辩证地
看待友情

不论是在商界还是在其他领域，有能力做有效沟通的人才能真正激励别人，也才能将好点子转化为行动，这也是所有成功的基石。

现代社会，人际关系越来越纷繁复杂。我们都知道，朋友多了路好走，大多数人都能以诚相待、互相帮助，但也有一些人，为了达到自己的利益，不惜利用感情投资来骗取对方的信任，完成自己不可告人的目的。

我们应该辩证地看待友情，为曾经的对手打开和平的大门，只要条件成熟了，敌人也能变成朋友。要时刻树立没有绝对敌人的观念，任何人都有可能变成自己的朋友。

一个年轻人到汤姆的公司上班，因为是自己的朋友推荐的，汤姆也比较重视，就经常交给这个年轻人一些比较重要的任务，年轻人也都能顺利完成，他在平时的工作中也比较敬业，这些都被汤姆看在眼里。

汤姆觉得这个年轻人不错，打算培养他。渐渐地，汤姆把这个年轻人提到了自己的身边工作，经常跟他商议公司的发展，甚至让这个年轻人掌握公司一些重要的内部资料。

　　这个年轻人的前途应该是很好的，可是年轻人并不这样想，他有自己更大的野心，篡夺汤姆的公司，因为他的平步青云，很多公司的下属都主动拉拢和他的关系，这正合他的心意，慢慢地这个年轻人也在公司铺了一张很大的关系网，但由于汤姆对他很信任，并没有察觉到这些变化。

　　机会终于来了，汤姆有笔很大的业务，需要出差一个月，于是便将公司交给这个年轻人打理。正是这段时间，年轻人开始了蓄谋已久的计划，他和汤姆的朋友联合，找了汤姆的竞争对手，收购了汤姆公司的大部分股权。

　　当汤姆回来后，简直不敢相信，公司董事会的主席已变成了那个年轻人，好在汤姆处变不惊，经过调查后才知道是他的朋友和这个年轻人联合起来

夺取他的公司。

为了挽回自己的公司，汤姆一方面贷款反收购自己的公司，一方面联合其他几家合作伙伴对竞争对手施压，再加上亲自劝说他的竞争对手，经过这些艰难的努力，公司保住了，可是汤姆也付出了太大的代价。

汤姆这才深刻地认识到，不能轻易相信一个人，即使是你的朋友。

我们要随处小心，不要因为一时的友谊而解除了武装，要知道最残酷的战争可能就在这里爆发。没有绝对的朋友，也没有绝对的敌人。

04 尊重他人，
建立自信

要建立信任的关系，促使他人与你合作，尊重他人是最好的途径。

每个人的智慧、经验、价值观、生活背景都不同，因此与人相处，不管是利益上的争斗，或是是非的争斗，都在所难免。因此，适时地给自己留条后路无疑是一种明智的选择。

小狗在草地上匆忙地行走着，它必须在天黑之前赶回家，因此选择了一条不是很熟悉的小路。看得出，小狗走了不少的路，显得很疲惫，这时从一旁窜出了一只狐狸，"朋友，看你挺累的，我背你，我也走这条道。"狐狸对小狗说。小狗看狐狸很热情，也不好拒绝，就爬到了狐狸的背上。

走了很长一段距离，小狗也得到了很好的休息，小狗看见狐狸也挺累的，就不好意思地对狐狸说："朋友，我来背你。"狐狸趴到小狗的背上，走着，走着，小狗停了下来，它的脚陷入了沼泽。狐狸纵身一跃，跳了过去，回头对小狗说："谢谢你，这就是我刚才背你的原因。"

小狗突然有种说不出的感觉，只好停在那里，不敢动，等待救援。

因此，当有人对你表示友好时，要更加小心。要建立信任的关系，促使他人与你合作，尊重他人是最好的途径。

富兰克林在青年时代，有一天，一位老教友把他喊到一边，诚恳地告诉他："你常常凭着你自己的情感去攻击人家的错误，这是不对的。你的朋友感到你不在的时候是十分快乐的，因为，他们觉得你知道得较多，所以没有谁敢对你说话，怕被你反驳得哑口无言。你想，这样下去，你将失去你的朋友，你将不会比现在知道得更多了，实际上，你知道的也仅仅是一点而已。"

富兰克林听了这些话，觉得自己若不痛改前非，那将永远交不到真正的朋友，得不到别人对他的帮助和与他的合作了。所以他就定下了一条规矩，不用率直的言词来做肯定的论断，而且在措词方面竭力地避免去抵触他人。

不久，他觉得这种改变了的态度有着很大的好处，和人家谈起话来愈来愈融洽，而且这种谦逊的态度，极易使人接受，即使自己有了说错的地方，也不会让人感到下不了台。

多给自己留条退路就相当于给自己多上了一道保险。做人千万不能太绝，多给别人留条路，正是给自己留一条路。如果真有本事讲出一番道理来，以理服人，让人敬重，这才是真本领。

05 做事要
刚柔并济

人与人之间的交往，在很大程度上就是心与心的交流。

人人都会说话，人人都在办事，但结果却是大相径庭，有的圆满完成，有的却南辕北辙。所以我们在说话办事的时候，如果想在"毫发无损"的情况下达到自己的目的，就要讲究"策略"问题。绕过层层障碍，避免更多碰撞，顺利到达终点，才是我们追求的终极目标。

第二次世界大战时，丘吉尔趁圣诞节时来到美国，他的目的只有一个，希望和美国结盟，共同对德作战，以扭转英国不利的危险局面。

可是，当时的美国人对英国人并没有多大好感，大多数人都反对政府介入战争。丘吉尔想用手段来征服美国人根本不可能。

于是，他用自己真实的情感和魅力来打动美国人的心，使美国人得以信服，使他们同意支持政府援助英国。

"我远离祖国，远离我的家，在这里欢度这一年一度的佳节。但确切地说，我并不觉得寂寞和孤独，或者是因为我母亲的血缘关系，或许是因为在过去许多年的充满活力的生活中我在这里得到的友谊，或许是因为我们伟大的人民在事业中所表现出来的那种压倒一切其他的友谊的情感，在美国的中心和最高权力所在地，我根本不觉得自己是个外来者。我们的人民和你们讲着同样的语言，有着同样的宗教信仰，还在很大程度上追求着同样的理想。我所能感到的是一种和谐的兄弟间亲密无间的气氛……因此，我们至少可以在今晚把那些困扰我们的各种担心和危险搁置一边，并在这个充满风暴的世界里，为我的孩子准备一个幸福的夜晚，那么，此时此刻，在今天这个夜晚，讲英语的世界中的每个家庭都应该是一个亮光普照的幸福与和平的小岛。"

丘吉尔从两国人民共同的语言、宗教信仰、理想以及长期的友谊入手，将这些共同点作为彼此相信、相互了解的基础提出来，用讲英语的家庭都应该过一个和平安详的圣诞节这样的语言，打动了美国人民的心，他的讲话具有很强的震撼力，使美国人民不得不信服他。

林肯竞选总统的时候，也有很多人反对他，如果他用一些政治手段来征服反对他的人民和政敌，那么即使胜利了也只是暂时的，当时的美国也处于政治极不稳定时期，尤其是种族矛盾和南北双方的政治冲突。而林肯正是用他的伟大和朴实的人格使反对他的人信服。

他的演讲词是这样的："南伊里诺斯州的同乡们，肯塔基州的同乡们，密罗里州的同乡们，听说在场的人群中，有些人想和我为难，我实在不明白为什么要这样做，因为我也是一个和你们一样爽直的平民。为什么我不能和你们一样有发表意见的权利呢？亲爱的朋友，我并不是来干涉你们的人，我也是你们中间的一个，我生于肯塔基州，长于伊里诺斯州，和你们一样是从艰苦的环境中挣扎出来的。我了解南伊里诺斯州和肯塔基州的人，我也了解密罗里州的人，因为我是你们中间的一个，而你们也应该更清楚地认识我。如果你们真的认识我了，你们就会了解我，知道我不会做对你们不利的事。同乡们，请不要做蠢事，让我们以友好的态度交往。我立志做一个世界上最谦和的人，绝不会干涉任何人。我现在对你们诚恳要求的，只是请求你们允许我说几句话。"

人与人之间的交往，在很大程度上就是心与心的交流。

中国有句俗话：到什么山上唱什么歌，见什么人说什么话。让你的话合乎人心，给人如沐春风之感，自然柔和亲近。办事要善于洞察人心，见机行事，刚柔并济，从而使你办事水到渠成。如果说话不经过大脑就脱口而出，得罪人是小事，更重要的是要办的事情也会"无疾而终"。

06 学会保住
别人的面子

如果你不想招致别人的仇视、怨恨的话，切勿损伤他人的面子。

面子对于每一个人来说，都是非常重要的。俗话说："人活一张脸，树活一张皮。"要学会保住别人的面子，这是人际交往中的一条基本原则。可以说，你每给别人一次面子，就可能会增加一个朋友；你每驳别人一次面子，就可能失去一个朋友。

1961年6月，英国退役陆军元帅蒙哥马利访问中国。在洛阳参观访问时，他由中国外交部工作人员陪同，在街上散步。走到一个小剧场，他好奇地闯了进去。台上正在演豫剧《穆桂英挂帅》，蒙哥马利了解到剧情之后，连连摇头，说："这个戏不好，怎能让女人当元帅？"

中方陪同人员解释："这是中国的民间传奇，群众很爱看。"蒙哥马利说："爱看女人当元帅的男人不是真正的男人，爱看女人当元帅的女人不是真正的女人。"

在英国人的观念中，"人类的文明是从尊重女性开始的"，男人应该为女人上前线拼命，岂能让女人以柔弱之躯应付战争？

中方人员未考虑到蒙哥马利的观念，不服气地说："我们主张男女平等，男同志办到的事女同志也办得到。中国红军里就有很多女战士，现在解放军里还有位女将军。"

蒙哥马利说："我一向对红军、解放军很敬佩，但不知道解放军里还有一位女将军，如果真是这样，会有损解放军声誉的。"

中方人员针锋相对地反驳说："英国女王也是女的。按英国政治体制，女王是英国国家元首和全国武装部队总司令，这会不会有损英国军队的声誉呢？"蒙哥马利一下子被噎住了。

事后，中方人员向周恩来总理汇报了这件事，没想到周总理严肃批评说："你讲得太过分了，你解释说，穆桂英挂帅是民间传奇，这就行了。你不同意他的看法，也不必非得去反驳他！你做了多年的外交工作，还不懂求同存异？弄得人家无话可说，就算你胜利了？"

接着，周恩来总理审阅为蒙哥马利安排的文艺节目单，看到没有蒙哥马利最喜欢的杂技和口技，却有一出折子戏《木兰从军》，便说："瞧，又是一个女元帅！幸亏知道蒙哥马利的观念，不然他会以为我们故意刺激他呢。"随即吩咐撤掉这出折子戏，另外增加杂技、口技等节目。

周恩来总理的安排平息了蒙哥马利的怨气，使他挽回了面子，两人的友谊与两国的友好关系都得到了进一步的加强。

无论是谁都爱自己的面子，如果在批评别人的时候能巧妙、含蓄地提醒别人注意自己的错误，而不是直截了当、毫不留情地批评，会收到意想不到的效果。保全别人的面子，不仅不会招致别人的痛恨，更重要的是能够达到批评的目的，得到意想不到的收获。

07 开拓一个
良好的交际圈

一个人在社会中发展了一个良好的交际网络，就好像在冰天雪地的寒冬获得了一缕阳光，在干涸孤寂的沙漠寻觅到一片绿洲。

当今，人人都离不开交际，交际靠的是交际能力。有些人不善交际，所以处处感到别扭，仿佛到处都是路障；有些人则不同，他们善于观察，巧妙自如地在社交圈里驰骋纵横。其实，社交场是磨炼人的战场，有些人利用社交，磨炼出了人生智慧，打了一个又一个胜仗。

中国有个成语叫"孤掌难鸣"，具体到社会交际，意思是一个人不可能离开群体而独立生存，必须有一个良好的交际氛围做支撑，这就是我们说的社交。

英国著名的小说家笛福曾经写过一部发人深省的小说《鲁滨逊漂流记》。小说里的主人公鲁滨逊，形单影只地流浪在一个荒凉寂寞的孤岛上，不与外界接触，孤苦伶仃地过日子。在万般无奈之中，在他灵魂的深处深深地呼唤着与人的交往，渴望着得到世人的帮助与同情。痛苦之中，与人联系是他梦寐以求的渴望。他用良知呼唤着："啊！哪怕只有一个人从这条船上逃出生命，跑到我这里来，也好让我有一个伴侣，有一个同类的人说说话儿，交谈交谈啊！"后来，他从野人那里救出了"星期五"，再后来又救出了"星期五"的父亲和一个西班牙人，岛上不再是他自己那孤苦伶仃的身影。相反，原先的孤岛变成了人流络绎不绝的天地。鲁滨逊成了这个岛的主人，小小的一个岛成为一个汇聚人流的小社会。

从故事中我们可以看出：没有朋友，没有志同道合的人做伴侣，这个人是不幸的。他得不到真正的幸福，得不到世人的理解与关爱。一个人只有将自己投入到社会大家庭，拥有一个良好的交际圈，才能顺利打开人生的棋局。

某报纸曾刊载着这样一件事情：

一位刚刚迈出大学校门的青年，在社会的风霜雪雨中艰难地行走。面对人生的坎坷，他内心不由地滋生出一种孤独感。

有一次，他突发奇想：如果在当地较有影响力的报纸上刊登一则"寻友启事"，找到与自己志同道合的朋友，那该多好啊！简简单单的一个想法，囊括了这位学生的最大心愿：渴望拥有一个良好的交际氛围，从而把自己从孤独寂寞的局面中解救出来。

在某地曾经发生过这样一件事情：

一位年轻的姑娘无缘无故悲惨地死去了，她在留给亲人们的遗书中这样写道："我的死不怨任何人，只因为考入大学之后，不知道为什么陷入一种孤独寂寞之中。我希望能够得到别人的关爱与理解，但却得不到理解；我希望得到真挚的友谊，可友谊却与我擦肩而过。因此，我很高兴到极乐世界去寻找我的安慰了。"

几乎所有成功者、成功学研究者和人际关系领域的研究专家都一致认为：人脉是获得成功的重要资源，处理人际关系的能力是成功者的必备素质。一个人处理人际关系的能力越强，积累的人脉资源越多，成功的速度也就越快，建立的事业也就越大。

鲁迅先生曾经这样说过："人生得一知己足矣！"这句话道出了交际的可贵之处。俗话说："相识满天下，知心能几人。"一个人在社会中发展了一个良好的交际网络，就好像在冰天雪地的寒冬获得了一缕阳光，在干涸孤寂的沙漠寻觅到一片绿洲。在社会中发展，人们之间的相互理解、相互关爱以及相互信任、体贴，可以帮助你渡过一个又一个难关。在社交中凝聚的友情会比爱情更隽永、更真诚。

一个人的生命旅途如果没有人际关系做支撑，那么，他的前程就会茫然无措，没有友谊，孤寂冷落的心灵就不会得到寄托。没有人缘的人是世界上最痛苦的人。

　　善于交际的人，总是在不断地主动扩大自己的交际范围，不断给自己制造与他人交往的机会，主动通过各种途径去寻找适合自己的朋友。营销学里常提到人际关系的几何倍增效应。当你认识一个新朋友的时候，就等于加入了他的社交圈子，就有机会认识他的朋友。接着，你就有机会认识他朋友的朋友……如此循环下去，你就能认识一批人，并且还能将这种交往圈子不断扩大。随着时间的推移，你便能结识许多各行各业的朋友。

　　总而言之，没有真正的友谊，就得不到世人的理解与关爱。只有将自己投身到社交洪流中，开拓一个良好的交际圈，自己才不至于悲观冷落、忧郁彷徨，才能在残酷的社会竞争态势中立于不败之地。换句话说，拥有了良好的社会关系，就拥有了成功人生的资本。

08 与人交往
要有"度"

最亲密的友谊和最强烈的憎恨，都是过于亲近的缘故。

里凡洛尔有句名言："最亲密的友谊和最强烈的憎恨，都是过于亲近的缘故。"

世界上任何一种事情都有自己的规则，交友也是，若不懂交友之道，常常会把一种本来就脆弱的关系搅得很尴尬。距离是维持朋友关系最重要、最微妙的空间，一旦空间被挤压，友谊的大厦就会倒塌。如果不善于调整距离，恨不得朝朝暮暮泡在一起，这便犯了交友的大忌。朋友之间长久相处的秘诀就是距离，而不是频繁的接触，人的感情就像刺猬一样，靠得太近就会相扎，离得远一些才会有一些牵挂。孔子说过，"近之则不逊，远之则怨。"这就需要我们保持一个度。

如果两个人真的兴趣爱好都很相似，且有共同的追求和人生目标，那么可以结交为朋友。但不要错误地认为朋友就可以无话不谈，把距离一下子拉得很近。俗话说，距离产生美。如果真的很近，甚至没有距离时，友谊也许就不是你想象的那样了。它会朝着相反的方向发展。物极必反，这是一条普遍适用的规律。如果他不愿接你的电话那就是你太过热情，让他感觉喘不过气来，不舒服。

朋友是这样，人与人之间更是如此。太过亲密的人际关系，让人感觉你这人很随便也很随意。时间一长，别人更会认为你很软弱甚至是懦弱，做事情缺乏主见，人云亦云，没有自己的独立见解。这样会使你的人际关系变得很糟。同时如果你的人际关系太过疏远，给人一种盛气凌人的感觉。那么别人会认为你这人傲慢，孤芳自赏，不合群。这样的话，别人也会瞧不起你，孤立你。

美国心理学家斯坦博曾经针对亲密与疏远的程度做了一项调查，女性之间较比男性之间的关系要亲密一些；恋人或者夫妻的关系较一般异性之间的关系要亲密一些；异性之间的关系要比同性之间的关系亲密一些；性格外向的人要比性格内向的人之间的关系要亲密一些；地位低的人要比地位高的人之间的关系要亲密一些。其实社交礼仪专家，以及一些学者、教授也无法很清楚地把这关系说明白，只是认为人与人之间交往应该要有个度。

我们常会看到这样的故事，男孩女孩从小青梅竹马，一起上学、一起成长，成了无话不谈、亲密无间的好朋友，他们之间没有距离没有秘密，仅有着兄弟姐妹般的情感，彼此之间也有了一种依恋。可是人总会长大，总会恋爱结婚过自己的生活。这时候，也许你的朋友真的有一天站在你面前说："我要结婚了。"这时的你就会突然觉得失去了什么，精神无所寄托。这样你们彼此之间便造成了最深的伤害。所以，异性之间一定要保持距离，对己对人都有利。

刺猬法则说的就是这样一个十分有趣的现象：在寒冷的冬季，两只困倦的刺猬因为冷而拥抱在了一起，但是由于它们各自身上都长满了刺，紧挨在一起就会刺痛对方，所以无论如何都睡不舒服。因此，两只刺猬就分开了一段距离，可是这样又实在冷得难以忍受，因此它们就又抱在了一起。折腾了好几次，它们终于找到了一个比较合适的距离，既能够相互取暖又不会被扎。这也就是我们所说的在人际交往过程中的"心理距离效应"。

人与人之间的距离不管怎么样都应该保持一个度。俗话说，距离产生美。每个人都需要一个能够把握的自我空间，它犹如一个无形的"气泡"为自己划分了一定的"领域"，而当这个"领域"被他人触犯时，人便会觉得不舒服、不安全，甚至开始恼怒。

人与人之间的交往，一定要把握好分寸。尽管我们有着良好的愿望，希望自己所拥有的人际关系亲密度越高越好，但还必须记住"亲密并非无间，美好需要距离"。

09 适时给
人以帮助

只有你适时的无私地给别人帮助，才让人觉得真诚与可贵，别人也会更加珍惜。

中国有句俗话："与人方便，自己方便。"没有人会去主动博得别人的同情，只有你适时的无私地给别人帮助，才让人觉得真诚与可贵，别人也会更加珍惜。

在一个公司里，汉斯是汤姆森的下属。汤姆森平时对部门员工的要求很严厉，甚至有些过分，这让下面的员工难以忍受，汉斯也不例外。经常能听见同事们对汤姆森的抱怨。

一次，汤姆森因为一笔大的业务没有处理好，犯了个错误，被公司降级了，这让汤姆森也感到很沮丧。这下好了，他以前的下属现在变成了他的同事，嘘声一片，大多数人对汤姆森采取落井下石的态度，很少有人搭理他。汉斯却例外，他知道汤姆森对工作是极其认真的一个人，所以并不计较过去的事，开始主动与汤姆森聊天，甚至一起工作，汉斯知道，汤姆森现在需要的哪怕只是小小的关心，也能让他感到一些安慰。

一次，汉斯无意中得知汤姆森要搬家，于是主动前去帮忙，这些都使汤姆森觉得很温暖，他也把汉斯当成自己的朋友看待。汉斯并不觉得有什么特别，他知道这也许是自己应该做的。

汤姆森从这次挫折中也学会了很多东西，他也开始改正以前一些不好的习惯。一年以后，汤姆森时来运转，因为工作能力突出，他被调到了总公司，而且还升了职，汤姆森到总公司任职不久，就将汉斯调来当了自己的助手。生活中类似的事情也许每天都在上演，在别人需要的时候给别人帮助，你也许不仅仅是得到一份真诚的友谊。

有这样一个故事:一个双目失明的盲人在晚上打着灯笼赶路。有个路人很奇怪地问他："你本来双目失明，灯笼对于你来说一点用处也没有，为什么还打灯笼呢？不怕浪费灯油吗？"盲人听了他的话，慢条斯理地答道："因为在黑暗中行走，别人往往看不见我，我便很容易被撞倒，而我提着灯笼走路，灯光虽然不能帮助我看清前面的路，却能让别人看见我，这样，我就不会被别人撞倒了。"这位盲人用灯光为别人照亮了本是漆黑的路，为他人带来了方便，同时他也因此保护了自己，正是"帮助别人就是帮助自己"。

你种下什么，收获的就是什么。播种一个行动，你会收到一个习惯；播种一个习惯，你会收到一个个性；播种一个个性，你会收到一个命运；播种一个善行，你会收到一个善果；播种一个恶行，你会收到一个恶果。

10 学会
善待别人

唯有善待员工才是现代企业最好的管理方法。

交际是一门艺术，不是人人都能轻易地掌握它。同样身份、同样条件的两个人，在与人交往的过程中，可能就因为运用的交际方式不同，产生天差地别的效果。与人交往，首先要真诚。只有真诚地对待别人，别人才会真诚地对待我们，要多站在他人的角度考虑问题，多为他人着想，这样才能交到更多的朋友。如果你待人和善，谦虚诚恳，那么即使你做错了什么，你周围的人也会谅解你，甚至会帮你补过，将坏事变成好事。

爱别人就等于爱自己，伤害别人也就等于伤害自己。如果你想要快乐，想要幸福，就一定要善待你周围的人。你周围的人就是你的命运，你快乐他们就快乐；你痛苦他们也痛苦。对他人宽容，就是对自己宽容；对他人苛刻，就是对自己苛刻。

现在，大多数企业都坚持以人为本的用人原则。大多数领导也都能做到关心员工、善待员工，不让员工吃亏。他们已经认识到企业的经营说到底是人的经营，员工是推动企业在市场经济竞争中能否取得最后成功的决定因素。以人为中心的人本管理客观上要求企业的管理者必须有虚怀若谷的品质才能管理好自己手下的员工。

美国一会计师事务所首席执行官，在谈到员工流动与企业绩效时指出："员工的流动和企业业绩是有很大关系的。你对员工越好，他留在公司的时间就越长，员工的流动率就越低，因而对员工的培训与发展的支出也就越低，企业拥有的熟练工就越多，市场竞争中他们的价值也就越大，从而给企业带来的收益就会越多。员工是企业利润的创造者，企业是利润的收益者和享受者。如果企业获得利润，给员工一定的回报，员工自然就有了干劲儿，也会自觉自愿地爱岗敬业，从而调动员工的积极性和能动性。员工有了积极性和能动性就能给企业创造更多的价值，企业也就能获得更多的利润。不让员工吃亏，员工就会有创造效益的激情。算好了这笔账，经营者就能从繁杂的事务管理中解脱出来，集中精力搞经营、拓市场。"

然而，有些企业一说到管理就想着怎样束缚员工，给员工制定这样或那样的制度条例，固执地以为惩罚制度严厉了，员工就听话了，也愿意干活了。殊不知长此以往就会使得员工缺乏主人翁精神，给多少钱干多少活，不给钱的就不干。每天踩着点上班踩着点下班。就现代企业管理而言，制度自然不可缺少，但是，任何制度都是人制定的，应体现以人为本。唯有善待员工才是现代企业最好的管理方法。

小王所在的公司是一家合资企业，一向以守法经营、诚信为本著称。按公司的劳动合同规定，当公司在员工合同期未满而单方面与员工解除劳动合同时，必须向该员工支付1500元的解职费用。可是，当公司真的要解雇一名员工时，公司的人力资源部主管就会找该员工谈话，软硬兼施地有时甚至撒谎，目的却只有一个——让该员工自己提出辞职申请，不少员工由于缺乏法律意识或者为顾全面子问题不得不同意这种做法。公司由此可以节省每人1500元的解职费用。公司的人员总数不少，公司时时以各种借口解雇一些员工以减轻运营成本，这种隐秘的"抠"法日积月累下来，竟然为公司"赚"取了一大笔解雇费。后来，一名被解职的员工大胆举起法律武器来维护自己的权利，控告该公司，此事经媒体曝光之后，公司名誉一落千丈，数十年建立起来的品牌形象一下就毁掉了。

可见，这家公司的管理者是多么得愚蠢、不理智。他们只把目光盯在眼前的利益上，殊不知这样做，捡了芝麻却丢了西瓜。仅为省下点钱，却把自己多年来的品牌形象都给砸了。糊涂啊！

美国通用电气公司在田纳西州某市有一个生产冰箱压缩机的工厂，在这个工厂里，工人们都在有条不紊地工作，各干各的，没有人说话偷懒。它的人力资本比国外竞争者的人力资本每小时要高15美元，但是它的生产成本却比国外竞争者低了20%。是什么使得这个企业取得了史无前例的成功，而它的竞争对手却业绩下滑呢？经过调查，他们确保企业赢利的法宝是：以正确的态度对待员工，令员工满意，并因此带来了丰厚的回报。然而，善待员工不应是"亡羊补牢"的举措，而是决定企业成败，应该事先策划的经营战略之一。当企业的管理者们开始重视以人为本的管理哲学，那么他们离成功也就不远了。

美国华盛顿有一家开关总厂，约翰·派玛是这家开关总厂的大股东。自工厂创办以来，效益一直不是特别好。前不久，工厂进行改制，在改制过程中，"以人为本、善待员工"得到了最好的检验。在工厂改制过程中，员工最关心的是其改制后的安置。对此，派玛先后多次在工厂有关会议上郑重地向员工做出了三项承诺，一是工厂不借改制之机裁员。凡是愿意到转制后的公司工作的员工都将继续留用，工厂真心希望这些员工能够跟随到新厂，继续为新厂的发展作出贡献；二是追求员工利益和股东利益的最大化。当员工利益与股东利益发生冲突时，必须把员工利益放在首位。这是推行"善待员工"理念必须坚持的原则；三是以"善待员工"作为工厂发展的永恒主题，成为新的企业文化的精髓所在。无论是现在还是将来，"善待员工"的理念将永恒不变。新厂成立后通过更加具体的措施全面实践"善待员工"理念，使之更丰富、更具体、更人性化。这"三项承诺"既维护了职工的切身利益，又稳定了职工队伍，鼓舞了人心，深得全体员工的拥护和支持。

改制后的工厂，把追求经济效益的最大化和员工利益的最大化视为企业的价值观。以这样的价值观为基础，引导员工以自己的业绩体现自己的价值；工厂也将以业绩为准绳，对员工的价值进行评估、衡量，从而把工厂和员工的利益紧密地联系在一起，构成一个利益共同体。

企业"尊重"员工，不仅充分体现企业"以人为本"的管理理念，更能强化工作中员工的自尊，有效地促进员工的自我管理、自我要求和自我提升，使管理与被管理者之间的关系更加和谐与融洽，从而达到管理的最高境界。这也必将是未来对知识型员工管理的必然法则。

善待他人就是善待自己。任何一个人的存在，都是以别人的存在为前提、为条件的，一个人只有善待他人，自己才能存在，才能做成人，就是说，一个善待别人的人才真正是人，才具有人的尊严和神圣，才在社会生活中享有人的资格与权利。所以，善待他人实际是在善待自己，是在不停地为自己创造和争得人的尊严、资格、神圣和权利；是在不断地向社会、向世界证明自己具有人的尊严、资格、神圣和权利。

11 办事要
懂得宽容

面对别人的错误，有时，宽容比惩罚更有力量。

宽恕，是一种高尚的美德。"相逢一笑泯恩仇"是宽恕的最高境界。事实上这一美德做到的人并不多，即便如此，我们也不应放弃这种追求，因为舍去对别人过失的怨恨，以宽容的心态对人，以宽容的胸怀回报社会，是一种利人利己，有益社会的良性循环。屠格涅夫说过："生活中，不会宽容别人的人，是不配收到别人的宽容的。"所以，当你宽容了别人，在自己有过失或错误的时候也往往能够得到他人的宽恕。

有一个女子在行路中吐口痰，因风的作用而把痰刮到一个小伙子的裤子上，该女子看到后慌忙道歉，并从包里掏出面巾纸要擦去小伙子裤上的痰，但小伙子恼怒得不肯让她擦去痰，并声言："你给我舔去！"女子再三赔礼："对不起！对不起！让我给你擦去好吗？"但小伙子执意不让擦，就是让她给舔去，这样争执下去，街上围来越来越多看热闹的人，有的跟着起哄打哨闹着、笑着，无论女子怎么说"对不起"，也无法使小伙子原谅她，非让她舔去不可。最后惹得女子大怒，从包里掏出一沓钱来，大约有一两千元，当场喊道："大家听着，谁能把这个家伙当场摆平了，这些钱就归谁！"话音刚落，人群中闪出两个健壮的男人，对着那不依不饶的小伙子就是一阵拳脚，刚刚还非常神气的小伙子被踢翻在地不知东南西北，等他站起来再找那女子时，那女子早已扬长而去。

　　得饶人处且饶人，凡事都要留点余地，不可过分，宽恕毕竟是人生最大的美德。学会宽恕别人，就是学会善待自己。仇恨只能永远让我们的心灵生活在黑暗之中，而宽恕，却能让我们的心灵获得自由，获得解放。宽恕别人，可以让生活更轻松愉快；宽恕别人，可以让我们有更多的朋友。

　　做了对不住人的事，心里有愧疚，能向人家赔礼道歉，人家气不顺说几句，这是理所当然的。反过来，有人做了对不起你的事，人家赔礼道歉了，只要无大碍，就不要得理不饶人，非掰扯不可，甚至故意报复。真要是那样，反而没了理。

待人宽厚是一种美德。事情本来不大，就要得饶人处且饶人，而且要做到得理也要让三分。中国传统美德讲恕道，讲究"推己及人"，"己所不欲，勿施于人"，能原谅人也是一种美德。

有一次，眼见一位老大爷骑车被从路旁小胡同中冲出来的一个骑车女孩子撞倒了。那个女孩子对着倒在马路上的老人大声埋怨："你骑车也不瞅着点儿！"路旁行人看不惯，纷纷指责那女孩子："别说是你把老大爷撞倒了，就是你没责任，也该先扶起老大爷看撞着哪儿了吧？"说得那女孩子不得不过去扶起老大爷，小声说："对不起。"那老人站起身，活动活动，说："疼点没事儿，你下回可得小心了！你要没撞着哪儿就快走吧！"看看，和气多好。

俗话说，人无完人，每个人都难免会偶有过失，因此每个人都有需要别人原谅的时候。但奇怪的是，每个人对自己的过错，往往不如他人看得那样严重。大概因为我们对自己犯错的背景了解得很清楚，对于是自己的过错就比较容易原谅，我们应该"以恕己之心恕人"，对于别人所犯的错误更应给予体谅。

人要能站到高处，往开处想，便能理解别人，宽恕别人。看着像是"窝囊"，其实那是人格的完美高尚！带来的那种崇高美感，是一种千金难买的精神享受。

一头大象，在森林里行走，不小心踏坏了老鼠的家。大象很惭愧地向老鼠道歉，可是，老鼠却对此耿耿于怀，不肯原谅大象。

一天，老鼠看见大象躺在地上睡觉，心想：机会来了，我要报复大象，至少我可以咬一口这个庞然大物。

但是，大象的皮特别厚，老鼠根本咬不动。这时，老鼠围着大象转了几圈，发现大象的鼻子是个进攻点。

老鼠钻进大象的鼻子里，狠劲地咬了一口大象的鼻腔粘膜。

大象感觉鼻子里一阵刺激，它猛烈地打了一个喷嚏，将老鼠射出好远，老鼠被摔个半死。

半天，老鼠才从地上爬起来，它忍着浑身剧烈的伤痛，对前来探望它的同类们说："你们一定要记住我的惨痛教训，得饶人处且饶人！"

人非圣贤，孰能无过。犯了错误倘若不给他改过自新的机会，就会激化矛盾，造成不良后果。宽以待人是门艺术，掌握了这门艺术，你也许会取得意想不到的收获。面对别人的错误，有时，宽容比惩罚更有力量。

古时，有一人因筑墙和邻居发生纠纷，于是给朝中做大官的哥哥写信，希望其兄用权势摆平这事。其兄见信后给弟回书曰："千里寄书为一墙，让他三尺又何妨？万里长城今犹在，不见当年秦始皇。"其弟见信后，幡然醒悟，主动礼让对方三尺，对方也礼尚往来让出三尺地方，两家从此和睦相处。这就是流传至今的六尺巷的故事，也是古代礼让三分、睦邻友好的典范。

宽容，能让自己紧张的心情放松。生气，是拿别人的错误惩罚自己，而宽容则是自我解放的一种方式。如果一个人始终生活在埋怨、责怪、愤怒当中，那么他不仅得不到本应属于他的快乐、幸福，甚至会让自己变得冷漠、无情和残酷，后果是很可怕的。

曾经有位留美归国的硕士应聘到一家贸易公司上班，他不但学历高，且口才极佳，业务能力也强，因此在会议中屡展头角。可每当他听到其他同事提出一些较不成熟的企划案，或是某些时候得罪到他时，他却总会毫不客气地破口大骂。在他的观念里，这样并无不妥！因为这一切都是"师出有名"，如果不是别人有误在先，也轮不到自己开炮。

然而，他的态度却让自己在同事间成了只孤鸟。没过多久，他就选择离开了公司。当然，并不是因为他的能力欠佳，而是迫于人际的压力。一直到他离职前，他还不断地问自己："难道我的观点错了吗？难道我发的脾气是没有道理的吗？"

有一句名言："人不讲理，是一个缺点；人硬讲理，是一个盲点。"在日常生活当中，给对方一个台阶下，少讲两句，得理饶人；否则，不但消减不了眼前这个"敌人"，还会让身边更多的朋友因而胆怯，疏远你。留一点余地给那些得罪了我们的人，是我们该学习的美德，该培养的"习惯"。

历史上还有一个这样的故事：汉代公孙弘年轻时家贫，后来成为丞相，但生活依然十分俭朴，吃的饭只有一个荤菜，睡觉盖的仍是普通棉被。大臣汲黯因为他这样，就向汉武帝参了一本，批评公孙弘位列三公，有相当可观的俸禄，却只盖普通棉被，实质上是装模作样、沽名钓誉，目的就是为了骗取俭朴清廉的美名。

汉武帝便问公孙弘："汲黯所说的都是真的吗？"公孙弘回答道："汲黯说得一点没错。满朝大臣中，他与我交情最好，也最了解我。今天他当着众人的面指责我，正是切中了我的要害。我位列三公而只盖棉被，生活水准和普通百姓一样，确实是故意装得清廉以沽名钓誉。如果不是汲黯忠心耿耿，陛下怎么会听到对我的这种批评呢？"汉武帝听了公孙弘的这一番话，反倒觉得他为人谦让，就更加尊重他了。

公孙弘面对汲黯的指责和汉武帝的询问，一句也不辩解，还全部都承认，这是一种智慧。汲黯指责他"使诈以沽名钓誉"，无论他如何辩解，旁观者都已先入为主地认为他也许是在继续"使诈"。正因为公孙弘深知这个指责的分量，所以他才采取了十分高明的一招，就是不作任何辩解，承认自己沽名钓誉。其实，这是表明自己至少"现在没有使诈"。由于"现在没有使诈"被指责者及旁观者都认可了，也就减轻了罪名的分量。公孙弘的高明之处，还在于对指责自己的人大加赞扬，认为他是"忠心耿耿"。这样一来，便给皇帝及同僚们这样的印象：公孙弘确实是"宰相肚里能撑船"。既然众人有了这样的心态，那么公孙弘就用不着去辩解是不是沽名钓誉了，因为自己的行为不是什么政治野心，对皇帝构不成威胁，对同僚构也不成伤害，只是个人对清名的一种癖好，无伤大雅。

当对方无理，自知吃亏时，你的"理"明显占过对方，不妨给他留一点余地，他就会心存感激，来日也许还会报答你。就算不会图报于你，也不太可能再度与你为敌。

多一些宽容，人们的生命就会多一份空间；多一份爱心，人们的生活就会多一份温暖，多一份阳光。当你用宽容换来自己内心的豁达，用宽恕换来敌人的微笑，你难道不是把最好的留给自己了吗？

12 隐忍也是
一种处世哲学

　　如果学会隐忍而后动的低调人生哲学，在人生道路上你将会收获更大的成功。

　　忍让是一种美德。朋友的误解，亲人的错怪，流言制造的是非，讹传导致的轻信……此时恼怒不会春风化雨，生气无助雾散云消，只有一时的忍让才能帮助你恢复应有的形象，得到公允的评价和赞美。

　　20世纪50年代，许多商人知道于右任是著名的书法家，纷纷在自己的公司、店铺、饭店门口挂起了署名于右任题写的招牌，以招揽生意，其中确为于右任所题的却极少。一天，于右任一个学生匆匆地来见老师："老师，我今天中午去一家平时常去的羊肉泡馍馆吃饭，想不到他们居然也挂起了以您的名义题写的招牌！而且字写得歪歪斜斜，难看死了。"正在练习书法的于右任，放下毛笔然后缓缓地说："这可不行！"

　　于右任沉默了一会儿。顺手从书案旁拿过一张宣纸，拎起毛笔，龙飞凤舞地写了"羊肉泡馍馆"几个大字，落款处则是"于右任题"几个小字，并盖了一方私章。

　　于右任缓缓地说："这冒名顶替固然可恨，但毕竟说明他还是瞧得上我于某人的字，只是不知真假的人看见那假招牌还以为我于大胡子写的字真的那样差，狗屎不如，那我不是就亏了吗？我不能砸了自己的招牌，坏了自己的名！所以，帮忙帮到底，还是麻烦老弟跑一趟，把那块假的给换下来。"转怒为喜的学生拿着于右任的题字匆匆去了。

　　与人相处，不时会遇到他人犯有小错，这也许会冒犯你的利益。如果不是大的原则问题，不妨一笑了之，显出一些大家风范。大度诙谐有时比横眉冷对更有助于问题的解决。对他人的小过不与追究，实际上也是一种忍让的态度，有的时候，这种忍让会使人没齿难忘。

地里的麦穗，挺着笔直的腰杆、抬头看天的都是少产的；相反，在夕阳下害羞地低下头、随风摇摆的才是籽粒饱满的。有些人刚刚取得一点成绩，就目空一切，整天看着自己头上的光环，却忘了看好脚下的路。

张群是一位初学写作的文学青年，花了半年时间写了一篇小说，信心十足地来到编辑部，没想到一个编辑看后直摇头，当着很多人的面说："你这写的是什么？连句子都不通，哪儿像小说？……"说得他满脸通红，当时就想回敬一句："你仔细看了吗？"可是，他忍住了，反而以请教的口气说："我是第一次写小说，还希望老师给予指正。"

从编辑部回来他没有泄气，反而更加发奋，写成后又厚着脸皮去找这个编辑。这一次编辑的态度也变了，提了一些修改意见。后来小说发表了，他和编辑也成了好朋友。

从交际的角度出发，把握好度，就能在交际场上左右逢源，游刃有余。年轻人应该在现实生活中试着学会低头，学会认输。其实这并不难，最简单的办法就是学会脸皮"厚一点"——这并不是不要尊严，而是要把握适当的度，保持最佳的弹性空间。

"人在屋檐下，不得不低头"。有志进取者，将此当作磨炼自己的机会，借此取得休养生息的时间，以图将来东山再起，而绝不一味地消极乃至消沉；而那些经不起困难和挫折的人，往往将此看成事业的尽头，或是畏缩不前，不想法克服眼前的困难，只是一味地怨天尤人听天由命。

麦当劳创始人克罗克小时候家境十分贫寒，中学都没有念完就出来做工。后来，他被一家工厂招去做了一名推销员，生活有了较大的改善。在推销的过程中，他认识了许多朋友，了解到大量与经营管理有关的知识。这一切，为他后来自己创业打下了良好的基础。

克罗克想要创办一家自己的公司。他在做了一系列的市场调查后发现，美国的餐饮业已满足不了正在变化的时代要求。人们的生活节奏越来越快，希望有更方便、快捷的饮食供应。克罗克想要开一家自己的餐馆，首先要解决的就是资金问题。克罗克做推销员的时候积攒了一点钱，但那点钱要想用来开餐馆却还远远不够。

经过几天的苦想后，克罗克决定先学习，再行动。他找到以前认识的开餐馆的麦克唐纳兄弟，希望他们能让他来做工，解决自己目前的困窘。

麦氏兄弟十分同情他，就答应了他的请求。

克罗克是推销员出身，深知老板的心理特点。为了尽早实现自己的目标，他向老板提出自己一边在店里做工，一边继续兼职做以前的推销员工作，并把推销收入的5%让利给老板。

为了获取老板的信任，克罗克非常努力地工作。他每天起早贪黑，任劳任怨，还为麦氏兄弟在餐馆经营上提出了一系列非常好的建议。比如他提出改善餐馆的营业环境，以吸引更多的顾客；提供配置份饭、轻便包装、送饭上门等一系列服务……

经过自己的努力，克罗克成了餐馆的主心骨。麦氏兄弟对他言听计从。表面上看起来餐馆还是属于麦氏兄弟的，可实际上，经营权、决策权却都掌握在克罗克手里。6年后，克罗克感到自己独立的时机成熟了，凭借这几年的信誉他借到了一笔贷款，然后与麦氏兄弟谈判，希望买下餐馆。麦氏兄弟起初不答应，但经过一番利益分析后，最终答应以270万美元将餐馆转让给克罗克。

就这样，克罗克终于有了一家自己的餐馆。这起轰动的主仆易位事件也成了当地的特大新闻。一夜之间，几乎所有的人都知道了这家店员炒老板鱿鱼的餐馆。克罗克做了餐馆真正的主人后，立刻进行了一系列改革，很快就以崭新的面貌享誉全美国。20年后，这家餐馆总资产已达42亿美元，成为国际十大知名餐馆之一。

在这个故事里，克罗克用的就是低调战术。他首先向麦氏兄弟主动示弱，然后通过自己的勤恳和敬业换来了他们的信赖，成为他们依靠的主心骨。

克罗克在向麦氏兄弟贡献良策的同时，也慢慢地抓牢了餐馆的经营权，使得麦氏兄弟老板的头衔"名存实亡"。最后的一场交易，克罗克彻底吃掉了麦克唐纳快餐馆，建立了自己的麦当劳帝国。

学会低头是一种踏实的人生态度。社会就像一个金字塔，塔尖很小。但人们总是仰望它，幻想平步青云，跻身到上层。于是有些人不择手段，或许得偿所愿，不料好景不长，一个筋斗翻身落地。还不如脚踏实地做人，兢兢业业做好本职工作，一分耕耘一分收获。

有两个师范学院毕业的同学，一个被分配到农村当老师，另一个却幸运地分配到城市里当老师。

被分配到农村的小丽刚开始还满腹牢骚，认为命运对自己如此不公，农村交通不便，信息闭塞，生活单调，而且吃的也不好。于是，她在给学生上课的时候总是一副颓废萎靡的样子。一次，县教育局局长来听她讲课，看到她这个样子后，就找校长问明白了是怎么回事。在临走之前，局长把小丽叫过来语重心长地说："年轻人，我也是从你这个年纪过来的，知道你心里是怎么想的。你还年轻，有很多事情可以主动去做。俗话说'种瓜得瓜，种豆得豆'，只要你去做了，就会有好结果的。"

小丽深受局长"只要你去做了，就会有结果"这句话的感染，从此以后上课前认真备课，上课时认真授业，下课后认真生活，脸上经常挂着满足的笑容。工夫不负有心人，一年后小丽教的两个班的数学成绩已经是全县第一了。由于工作能力突出，小丽也被上调到城市里。

分配到城里的小强，工作轻松，工资奖金优厚，他相当满足，觉得这样过一辈子相当不错。正是由于他的这种自我满足，渐渐地对工作也不放在心上了。他不再钻研教学方法，不再备课，很多学生都把他叫做"催眠大师"。过了一段时间后，学校引进竞争机制，小强由于工作没有上进心，学校让他下岗了。

通过小丽与小强经历的对比，我们可以看出，积极乐观的心态对人的影响有多大。环境如何并不能成为我们应该消极被动的借口。环境好就自我满足、停滞不前，慢慢地就会失去活力，忘记自己当初的人生信条与职业目标，最终走向一无所成的深渊。

尼采曾说："一棵树要长得更高，接受更多的光明，那么它的根必须深入到黑暗之中。"人生的发展过程好比树的生长过程，一个人如果渴望成功，需要把希望放在高处，行动放在低处，而不是好高骛远，眼高手低。能大能小，张缩自如，是成大事者必备的一种素质。

13 低调的人
离成功最近

　　一个人不管取得了多大的成功，不管名有多显、位有多高、钱有多丰，面对纷繁复杂的社会，都应该保持做人的低调。

　　当今社会，是一个崇尚个性、张扬自我的年代，似乎只有风风光光做人、轰轰烈烈做事才能够紧随时代步伐，赢得良好的社会声誉。其实，这是一种误解。做人要懂得推销自我，只有将自己的才能和魅力充分展示出来，才能获得他人的关注和认可，才能争取到更多更大的发展空间，当今社会也确确实实地在创造各种机会鼓励和支持大家这么做。然而，这并不意味着你要时时处处张扬卖弄。这样一来，你非但不能如愿以偿，反而会弄巧成拙、事与愿违。其实，真正伟大的成就，并不是可以用这种高调张扬的手段夺取到的，只有那些选择低调的人，才能最终取得成功。能够看到这一点，需要有长远的眼光，更需要有持久的耐心。低调，看似是一种迂回的方式，事实上却离成功最近。

　　低调做人是成熟的标志，是为人处世的一种基本素质，也是一个人成就大业的基础。向日葵在籽粒尚不饱满的时候，镶嵌着金黄色的花瓣，高昂着头，随着太阳的东升西落而摇来晃去，唯恐别人看不到它。一旦籽粒饱满，它便会低下沉甸甸的头，因为它成熟了，充实了。选择低调地生活着的人们，正是外在需求基本满足后，向内心的回归。他们选择低调，是他们在努力营造着平常的生活形态，是他们在脚踏实地地寻找着纯粹属于自己的选择权。

　　美国开国元勋之一的富兰克林在年轻的时候，曾去一位老前辈的家中做客，昂首挺胸走进一座低矮的小茅屋，一进门，"嘭"的一声，他的额头撞在门框上，青肿了一大块。老前辈笑着出来迎接说："很痛吧？你知道吗？这是你今天来拜访我的最大收获。一个人要想洞明世事，练达人情，就必须时刻记住低头。"富兰克林记住了，也成功了。

　　保持低调的姿态可以让你保持清醒的头脑，这样才能对事情做出正确的判断，不至于被得意冲昏了头脑，还可以获取他人的好感，因为大多数人欣赏的是低调为人的人，而不是沾沾自喜的人。

小张在办公室的墙上挂着他自撰自书的条幅，上写：竖起桅杆做事，砍断桅杆做人。他说这是他的一次惊心动魄的经历的结晶。

小张出生在渔民家庭，世世代代以出海打鱼为生。也许是家庭的熏染，也许是男孩的天性，他从小就喜欢海，在海边拾贝，在海里戏水，他几次请求爷爷，带他出海打鱼，可爷爷总是以他还小为借口拒绝。他懂得爷爷的心思，爷爷是怕他这根独苗发生意外。

后来，小张长大了，参加工作了，并且要远离家乡，到一个看不见海的地方。在等待行期的日子里，爷爷决定带他出一次海，一来了却他一直以来的心愿，二来让他去大海深处见识一下大海的博大，开阔开阔他的心胸，或许对他的人生会有益处。

他非常兴奋，跟着爷爷跑前跑后，做好所有准备工作之后，在一个风和日丽的日子扬帆出海了。

大海深处，爷爷教他如何使舵，如何下网，如何根据海水颜色的变化辨识鱼群。爷爷说："大海是富有的宝库，不但有取之不尽的鱼虾，更有宽阔的胸怀，做人就应该像大海一样无私、坦荡。"小张默默地咀嚼着爷爷的话。

可天有不测风云，大海的脾气也让人捉摸不透。刚刚还晴空万里，风平浪静的海面，突然间就狂风大作，巨浪滔天，几乎要把渔船掀翻。连爷爷这样的老水手都措手不及，但他丝毫不慌张，吃力地掌着舵，以命令的口气大喊："快拿斧头把桅杆砍断，快！"他不敢怠慢，用尽力气砍断了桅杆。

没有桅杆的小船在海上漂着，一直漂到大海又重新恢复平静，祖孙俩才用手摇着橹返航。途中，由于没有桅杆，无法升帆，船前进缓慢。他问爷爷："为什么要砍断桅杆？"爷爷说："帆船前进靠帆，升帆靠桅杆，桅杆是帆船前进动力的支柱；但是，由于高高竖立的桅杆使船的重心上移，削弱了船的稳定性，一旦遭遇风暴，就有翻船的危险，桅杆又成了灾难的祸端；所以，砍断桅杆是为了降低重心，保持稳定，保住人的生命，这才是最重要的。"

行期到了，小张虽然离开了爷爷，但却把爷爷的话记在了心里，那次历险也在他的心里扎下了根。他的工作非常出色，得到了大家的拥护，职务也一再升迁。他说："做事就像扬帆出海，必须高起点，高标准，高效率，就像高高的桅杆上鼓满风帆一样；做人则要脚踏实地，无论取得多大成绩，尾巴也不能翘到天上，无论地位多么显赫，也不能凌驾于他人之上，否则就会失去民心，失去做人的本分，终将倾覆于人民群众的汪洋大海之中。每当春风得意之时，我总会想起那砍断的桅杆。"

低调做人的人相信：给别人让一条路，就是给自己留一条路。低调做人的人懂得：才高而不自命不凡，位高而不自傲骄矜。做人不可过于显露自己，不要自以为是，更不该自吹自擂。低调做人的人知道：要想赢得友谊，就必须平和待人；要想赢得成功，赢得世人的敬仰，就必须学会低调做人。

第五章
应酬要进退有度

　　方是信仰，是规矩，是做人的信仰，做事的
准则；圆是豁达，是灵活，使人懂得变通，趋利
避害。人生的巧妙就在于能方能圆，方圆合一，
这样才能在社会生活中进退自如，游刃有余，赢
得更广阔的生存空间。

01 建立良好的
人际关系

古人曾经探讨做人的境界，的确，做人是有层次，有境界的。与人相处的最高境界是和谐自然，即"阴阳协调，恰到好处。"也就是说，在为人处世中，你应该有一颗包容之心；在与他人相处的时候，应该有一颗宽忍之心，认可对方的价值和存在。切忌有"阳贵于阴"的思想，以和为贵，做到阴阳自然和谐。

然而，在现实生活中，有一种人对别人说三道四，飞短流长，往往招惹许多事非；另一种人常常摆出一副自以为是、盛气凌人的架势，难以与人和谐相处。其实，当你强求别人的时候，反过来应该想想别人会如何看待你。若处处要求别人符合你的心意，那么别人又将怎样体现自己的价值呢？

一个有修养的人，能够主动热情地与周围人接近，用诚恳的、热情洋溢的态度来欣赏别人，赞美别人，使周围的关系更和睦、更融洽。与人为善，平等尊重，是为人处世的基础。千万不要孤芳自赏、自诩清高，那样的话会给人一种高人一等的感觉，把你自己与别人孤立起来。

为人父母者时常会对刚刚步入社会的孩子说："注意和领导同事搞好关

系。"父母都是过来人，他们深知为人处世是非常关键的，有时候它决定着一个人事业的成败。父母最关心的是孩子在工作单位中人际关系怎样，会不会处世和做人。每个刚踏入社会的人也都希望自己能与领导同事和和气气地相处。

良好的人际关系不仅有利于我们的工作和事业，还会给我们创造一个安宁、愉快、轻松、友好的心理环境，而良好的人际关系的形成并非是轻而易举、毫不费力的事情，因为人与人之间总会产生这样那样的摩擦，所以，要搞好人际关系，我们还需要提高自己的修养，脚踏实地一步步地去争取。

（1）对人表现得尊重些，轻易获得好人缘。人人都有自尊心，人人都希望受到尊重，而且对尊重自己的人有一种天然的亲和力、认同感。要想左右逢源，搞好人际关系，有一个好人缘可以说是一个必要的条件。因此，在日常生活中，不管对方的地位如何、才能怎样，只要与之打交道，就应给人以人格的尊重。让人感到他在你心目中是受欢迎的、有地位的，从而得到一种满足，感到和你交往心情很愉快。

（2）理解、宽容是赢得人缘的基本素质。你应该知道，每个人的个性、习惯、工作方法、态度都可能不同，你的正确态度应该是理解。应该求大同存小异，不必苛求对方，宽以待人是以理解为基础的。这样，别人才愿意与你相处。反之，如果你对人过分苛求，人家就不敢、不愿靠近你。古语道："水至清则无鱼，人至察则无徒。"说的就是这个道理。

（3）乐于助人，才能获得好人缘。乐于助人不仅是做人的一种美德，也是赢得好人缘的助推器。有时别人有困难，又不好意思直说，如果你能善解人意，设身处地地为他想一想，尽可能主动地帮助他解决难题，那他一定感激不尽，并把你当成知心朋友而铭记不忘。

现实生活中，很多人就是依靠和气，才赢得了人缘、赢得了良好的名声，这些人做起事来要比别人顺利得多。可见，和和气气地与人相处，是一个人走向成功的秘诀！

02 做事要
外圆内方

任何成功的背后都包含了许多失败，如果说做人要做到外圆内方的话，那也肯定做出了许多牺牲。比如，想做事要方，做事要有规矩、有原则，那就意味着许多事不能做，如果许多事非要做，那无疑就意味着要得罪很多人，惹恼很多人，意味着要舍弃很多，甚至招来杀身之祸。

"水能载舟，亦能覆舟"，你要想在领导的位置上坐稳，就要把自己所管辖的"水面"，疏通得既无暗流，又无礁石。掌握了"方圆"的功夫，多在下属身上进行感情投资，不花钱，也可以把下属笼络得服服帖帖。

作为历史上少有的几个明君之一，唐太宗李世民不仅文韬武略兼备，善用感情笼络下属的功夫也是一流的。

李勣是唐朝的开国功臣，也是第一个被赐予"国姓"的人。李世民晚年的时候，对其委以重任。可以说，他对唐代前期的政治有着重要的影响。

对于李勣这样的人，李世民十分注重感情投资。据说，有一次李勣得了急病，医生说："胡须灰可以救治。"

李世民听说后，当即在众臣的面前毫不犹豫地剪下自己的胡须派人给李勣送去。

在身体发肤受之父母不可损伤的观念影响下，古人一向视发肤为神圣之物，至于皇帝的毫发更是珍贵无比，而李世民为救大臣竟毫不吝惜地剪下，实在是太会笼络人心了。

后来李勣知道后感动得热泪盈眶，深深跪拜，以表达他感激不尽的心情。有这样的主子，李勣怎能不誓死相报呢？

魏征是唐初著名的谏臣，他在太宗贞观年间曾上奏200余道，极切时弊，为"贞观之治"做出了重大贡献。

对魏征这个人，唐太宗也倾注了大量的感情：他曾将自己心爱的女儿嫁与魏征的儿子，魏征每次生病唐太宗必亲临看望，魏征死后唐太宗特亲临哭送，并停朝数日以示哀悼。

唐初著名政治家房玄龄，曾率先投奔李世民参加反隋起义，又帮助李世民登上皇帝宝座，贞观年间长期担任宰相之职，为唐初政治制度的建立、社会经济的发展做出了重大贡献。

对房玄龄，唐太宗也给予了特别的恩宠，他曾数次亲临房玄龄的府上慰问。房玄龄病重时，唐太宗为了及时了解病情，探视方便，竟令人将皇宫围墙凿开，以便直达房玄龄家。他每天都遣使臣问候，派名医去治疗，让御膳房为他准备饮食。房玄龄临终时，太宗亲自话别，悲痛欲绝。

由此可见，贞观年间，李世民之所以能聚集一大批有才干又有高度忠诚心的大臣，与他巧用感情是分不开的，也正因为如此，唐太宗李世民树立起了"英明君主"的形象。

一个聪明的上司如果能够在不违反原则的情况下多体恤下级一些，对营造团结和谐的气氛，从而促进工作无疑是有利的。

人都是有感情的，管理也离不开感情，感情投入多少，直接影响着管理的成功和企业的效益。而科学的管理方法，加上充分的激励和诚挚的感情投资，定能调动起职工的积极性，使大家自愿为企业的发展尽自己的一份力量。

日本丰田汽车公司为达到最大限度地发挥人的创造能力，首先重视对员工的"教育"，协调劳资关系。"教育"的主要目的是让员工在思想上"爱丰田""忠于丰田"，做一个"努力、诚实、谦虚"的"丰田人"，并且，公司要求每个成员从思想上认识到做一名丰田员工的"光荣"和"自豪"。其次，从物质上鼓励员工。在丰田市建了一座体育运动中心，在工作之余，公司把成千上万的员工聚集在这里游泳、健身、娱乐，给员工创造一种愉快的环境。而对员工购物、住房则给予特殊照顾，把八成新和半新的小车廉价卖给员工，并且还发给员工无息购车的专用贷款等。这些措施都给企业的生产经营带来了良好的效果。

武汉某锅炉厂专门记下每位员工的生日。每逢有员工过生日时，厂里都会派专人送去象征性的贺礼；逢年过节，厂领导还纷纷到下属和曾有过分歧的员工家里登门致贺，共叙家常，以消除隔阂。一位政工干部说："靠这份情感，我们创造了全厂心齐气顺的局势。"1985年冬季的一天，下了一场大雪。路上冰天雪地，行走十分困难。全厂领导都早早起床，分别到离厂较远的汉口、汉阳各主要车站去接员工们上班。这一天，全厂3000多名工人，竟无一人迟到。这件事引得当地新闻媒体争相报道。

俗话说得好，"宰相肚里能撑船""大人不记小人过"。作为上司，对下属的情感投资还应该包括对他们的过失尽可能地给予原谅。特别是那些无关紧要的过失，不必锱铢必较。容忍别人的小过失，给他一个改过自新的机会，是一种感化人、教育人的方法，也是制造向心效应的一种手段。如果因为一个小小的过错，便对下属大声训斥，大发怒火，势必使他心生怨气，暗恨于你。久而久之，你就会失去人心。

孔子曾说："宽则得众。"的确，一个人尤其是一个领导者，如果能够宽厚待人，饶人之过，就能得到下级的衷心拥戴。

深谙方圆之术的领导为赢得下属的心，还会经常适当地夸赞他们几句。当一个人取得成绩时，他渴望得到别人，尤其是领导的承认。如果这时，领导者能给予适当的鼓励，会让他感到无比的快乐。也许，一句简单的赞语，就会让下属觉得再辛苦也值得。正如一位资深企业家所说："领导的赞扬对下属来说，是非常重要、不可或缺的。"

1915年，美国与墨西哥发生军事冲突，美军的指挥官是潘兴将军。正是由于他的慧眼识才，才使原本默默无闻的乔治·史密斯·巴顿在这场战争中脱颖而出。

当时的巴顿只是一名上尉，他脾气火暴，得罪了不少人。但是，潘兴将军总是不断地鼓励他，有时即使是一些小小的成绩，潘兴也会兴高采烈地说："好样的，小伙子！"这让巴顿非常感动，他决定要利用这次难得的机会回报潘兴将军。

一次，巴顿奉命向部队驻地附近的农民收购玉米送往司令部。他只带了15

名士兵，分乘3辆卡车前去执行任务。不料，途中他们却遭遇了50多名匪徒的围攻。巴顿临危不惧，沉着应敌，将匪首击毙后，指挥美军士兵有序撤退。本来这只是一次小小的遭遇战，并无任何特别之处。但是，事后查明，巴顿击毙的匪首竟是被美军称为"比利亚匪帮的重要人物"的朱利诺·卡德纳斯。潘兴决定重奖巴顿，因为他觉得巴顿是一员虎将，他要将巴顿内心那无比强烈的求胜欲望彻底激发出来。

　　首先，潘兴将军通令全军嘉奖巴顿，然后，又召集新闻记者，将巴顿的英勇事迹告诉他们。这样，巴顿的英雄事迹登上了美国的各大报纸，巴顿也成了美利坚民族的英雄，"巴顿神话"第一次在全国传开了。

　　巴顿在年幼的时候，就患有"阅读失常症"，学习非常吃力，并因此经常受到同学的嘲笑。而这次是从小受尽冷落、歧视的巴顿第一次享受到英雄般的礼遇，他内心狂热的求胜信念终于爆发了。在以后的战斗中以及第二次世界大战时期，他都以勇往直前著称，最终成为美军的优秀将领之一，也成为美军的骄傲。

巴顿的后半生，脾气暴躁人所共知，无论是他的下属还是上司，都惧他三分。但是，巴顿始终对潘兴将军毕恭毕敬，从来没有冒犯过他。无疑，潘兴将军是成功的，他不但成功地塑造了一个新的巴顿，而且让他在自己面前永远觉得他是下属。

在企业里，到处都可以遇到"刺头兵"，这种人甚至专门和他的上司作对，但对与他没有利益冲突的人却比较友好。他有他的势力和人际圈子，他们足以在有些问题上与他的上司分庭抗礼。成功的管理者使用"刺头兵"的一个重要的法宝就是"给予他合理的职务和责任"，通常情况下，这一招十分灵验。只要用信任和委以重任的方法，领导都能解决好本部门、本单位比较棘手的"刺头兵"问题。

在企业里，妨碍或影响本企业领导人事业发展的人，往往是企业元老级的人物。这些人常常居功自傲，位高而不多办事，自满而不求进步。同时，还营私结党，倾轧图利。他们的能力、素质不但早已跟不上公司的发展，而且已经成为公司进步的"绊脚石"。对付这种人，深谙方圆之术的管理者采用的最有效的办法是让其远离权力中心，断绝其信息来源。或明升暗降，逐步收回他的权力；或让他出差，派他外出考察。等到他回来时发现大势已去，工作已由他人代替，除了拿一份稳妥的退休金，已别无他路。

某企业创立之初，总经理张永和副总经理李安都为此付出了巨大的心血。当时，设计图纸、安装机械、招聘技术骨干都是李安一个人独立完成的。而公司确立新的管理层时却任用了为人沉稳、善于经营管理、群众基础较好的张永为主管，而李安则为副手。

自从张永当上了公司的董事长和总经理后，李安越想心里越不服气，感到建厂之初他的功劳最大，他付出的最多，总经理的位置应该是他的。于是，李安便以功臣自居，该请示报告的不请示报告，不属于自己职权范围的事随意拍板，并在厂里拉拢了销售科科长、材料供应站主任、财务科科长等有实权的部门领导，结党营私，另立山头。张永不是薄情寡义之人，实在不忍心将这位当初与自己同甘苦、共患难的伙伴一脚踢到门外。后来，他想出了一个两全其美、圆满解决问题的办法。

张永先给李安换了一间办公室，表面上来看，李安的新办公室光线明亮、宽敞、透风，实际上已经远离模具厂的权力中心。之后，张永开始想方设法断绝李安的资讯来源。每当有重要的会议，或者商谈大型经营项目时，他总让李安出差，使其失去参与决策的机会，一些财务报告、业务报告不再给他过目。随后，他还采取明升暗降的方法，让李安担任全企业的高级技术总顾问和某分厂的厂长，这样就使他高升而无为。

李安不甘心自己的权力被剥夺，多次找省、市各级领导告张永的黑状。

最后，张永派李安到美国、日本等地去考察两个月。在这两个月期间，张永撤换了销售科科长、材料供应站主任、财务科科长等实权部门的主管，换上了一些自己亲自挑选的人选。当李安从国外考察回来时，顿时傻眼了。最后，他不得不主动提出提前退休。

总而言之，成功的经营管理者的总体原则是"外圆内方"。外圆内方表现在两方面：一是虚怀若谷，容纳别人从而获得众人的拥戴，柔于外表，从而迷惑敌手；二是刚正于内，具有镇住众人的气概，从而德威显露，声震朝野，叫人不敢违逆。

做人难，难做人。生活在这纷繁的世界里，做人真的很难，要做到人人喜欢更难。纵观世界历史，大凡能成就伟业者，无不是深谙做人之道。知道做人何时应该进，何时应该退，何时应该发脾气，何时应该深藏不露。那些成大事者，多是方圆通达，在危难时刻总能把做人的机智技巧运用得淋漓尽致。其实做人没有什么法则可遵，但做人的戒律却一定不能违背。

03 友有益损，
择人而交

《论语·季氏》中有："益者三友，损者三友。友直、友谅、友多闻，益矣；友便辟、友善柔、友便佞，损矣。"意思是说，有益的朋友有三种，有害的朋友也有三种。结交正直的朋友、诚恳的朋友、见多识广的朋友，是有益的；结交谄媚逢迎的人、表面奉承而背后诽谤人的人、善于花言巧语的人，是有害的。因此，交友一定要慎之又慎。

要选准真朋友也并不那么简单，所以古人常有"相识满天下，知音能几人"的慨叹，对于"世味年来薄似纱""知人知面不知心"的炎凉世态痛心疾首。

有的人犯错误，栽跟头，除了主观上的原因，从客观上说，与交上了"损友"有很大关系。

西班牙作家塞万提斯说："重要的不在于是谁生的，而在于你跟谁交朋友。"也是在强调择友的重要。而毛泽东说的"朋友有真假，但通过实践可以看清谁是真朋友，谁是假朋友"，则可以看做是教给我们的择友方法，即从实践中听其言，观其行，其所言所行合乎"同道"的"畏友""密友""益友"者，一般来说，可以称之为真朋友，其所言所行堕入"同利"的"昵友""贼友""损友者"，自然便是假朋友。是真朋友，自然可交、当交。是假朋友，则应毫不犹豫地与之"息交以绝游"。否则，近墨者黑，染于苍则苍，便悔之晚矣！有诗曰：

种树莫种垂杨枝，结交莫结轻薄儿；

杨枝不耐秋风吹，轻薄易结还易离。

此正是："友也者，友其德也。"戒之慎莫忘！这就要求我们交友要有规矩，这样才能广交友，交好友。

三国时著名的北魏文学家嵇康，聪慧好学，博学多才，一时闻名于天下。

嵇康交友，更是讲究，常以竹量人，不三不四、不学无术、没有德性气节的人，不与交往。由于他有了名声，来拜访的人便有很多，他常常躲起来，不予会见。

有一天，当他正在竹林中写文章时，忽听到有人进了竹林，便拿起纸笔，想写几句拒客诗，结果刚写好一句，脚步声越来越近了，于是便扔下笔匆匆钻进密林深处躲了起来。来人名叫阮籍，也是个很有名气的诗人，他走近竹屋一看，空无一人，以为嵇康不在家，很是扫兴。转身刚要走，突然看见桌上诗笺上有行字，仔细一看，写的是"竹林深处有篱笆"，墨迹还没有干。阮籍望着墨迹，思索着诗意，明白这是句拒客诗。阮籍嘿嘿一笑，提笔在那句诗的下面写了句"篱笆难挡笛声转"。写完，便拿起桌上的竹笛悠然地吹了起来。

这一吹不要紧，来找嵇康的人循声而来，一会儿就来了五个人，他们是山涛、向秀、阮咸、王戎、刘伶。那些人只见阮籍吹笛，不见嵇康，便向阮籍询问嵇康的去处。阮籍向桌上的诗笺努了努嘴，一语不发，微笑着只管吹他的"高山流水"，大家一见诗笺便明白了，于是一人一句联起诗来。

嵇康躲在暗处，原想来人见不到他就会走的，谁知来人不但不离开，反而越来越多，万般无奈下，只好出面相会了。走近诗笺来看，只见上面写着：

"竹林深处有篱笆，篱笆难挡笛声转。笛声换来知音笑，笑语畅怀疑笔端。笔笔述志走诗笺，笔笔录下珠玑言。箴语共话咏篁句……"

嵇康一看联诗每句起头之字都是竹字头，心想：来人都是有才之人，值得一交。于是便提笔在下边添了句："篁篁有节聚七贤。"从此以后，这七个人就成了好朋友，史称"竹林七贤"。他们经常在竹林里聚会，无话不说，无所不谈，相互间结下了深厚的友谊。

交朋友，建立友情，要有自己的选择，要经过自己认真的思考。与有操守、有才能的人交朋友，对自己是一种帮助和提高；与行为不良的人交朋友，不但不会帮你，反而会损你、害你。善交益友，不交损友，乐交诤友，这是交友的三大原则。择友，慎之又慎确是明智的保身之举。

04 懂得忍
一时之辱

人生在世，尤其在关系复杂、利害重大的时候，总是会遇到种种不顺心的事情：不公、冷遇、误解、诋毁、陷害。这些不顺心有时候会对自己固有的原则和利益造成损害，对于如何对待这些不顺心，每个人都有不同的做法。有人主张坚持自己的原则，宁折不屈；有人主张以其人之道还治其人之身。而正确的做法是，以忍来化解矛盾，或以忍来等待时机。

"忍辱"，是良药，但是苦口。能忍的人，走到哪儿，都是海阔天空；不能忍的人，走到哪儿，都是对立冲突，最后受伤的一定是自己。很多人在小事上跟别人争个头破血流，可以算得上是得不偿失。方圆者懂得权衡利弊，他们重视大利，不夺小利，当争则争，当忍则忍。他们不仅要忍自己，还要忍他人的所作所为。因为能忍，所以时时能清楚明白自己的角色分工，人际互动关系就能圆融，人格、行事也就不会偏斜。

西汉时期的淮阴侯韩信受胯下之辱的故事妇孺皆知。韩信是淮阴人，自幼不农不商，又因家贫，所以衣食无着，想去充当小吏，却因没有一技之长，也未被录取。因此终日游荡，常常依靠别人糊口度日。当时下乡南昌亭长见韩信非凡夫俗子，因此很喜欢跟他交往，还常常邀他去家里吃饭。吃多了，也就惹得亭长的妻子厌烦。于是，亭长的妻子提前了吃饭的时间，等韩信到了，碗已经洗过很久了。韩信知道自己惹人讨厌，从此便不再去了。他来到淮阴城下，临水钓鱼，有时运气不佳，所获并不能果腹。那里正巧有一个临水漂絮的老妇人，见韩信饿得可怜，每当午饭送来，总分一些给韩信吃。韩信饥饿难耐，也不推辞，这样一连吃了数十日。一日，韩信非常感激地对漂母说："他日发迹，定当厚报。"谁知漂母竟含怒训斥韩信说："大丈夫不能自谋生路，反受困顿。我看你七尺须眉，好似公子王孙，不忍你挨饿，才给你几顿饭吃，难道谁还望你报答不成！"韩信听了，深感惭愧。

韩信受人赐饭之恩，虽受激励，但苦无机会。实在穷得无法，只得把家传的宝剑拿出叫卖，卖了多日，却没有卖出去。一天，他正把宝剑挂在腰中，沿街游荡，忽然遇到几个地痞，有个地痞有意侮辱他，嘲笑他说："看你身材高大，却是十分懦弱。你若有本事，就拿剑来刺我，若是不敢，就从我的胯下钻过去。"说完，双腿一叉，站在街心，挡住了韩信的去路。

韩信注视了对方良久，然后慢慢低下身来，从地痞的胯下钻了过去。街上的人都耻笑韩信，认为他是怯懦之人。其实绝非韩信不敢刺他，因为他胸怀大志，不愿与小人多生是非，如果一剑把他刺死了，自己势必难以逃脱。所以，他审时度势，暂受胯下之辱。后来韩信跟随刘邦南征北战，屡建奇功，被封为淮阴侯，并诚心地报答了那个漂母。

同样是发生在楚汉相争时期的事件，项羽吩咐大将曹无咎坚守城皋，切勿出战，只要能阻挡刘邦15日，便是有功。不想项羽刚走，刘邦、张良便使了个骂城计，派兵城下，指名辱骂，甚至画着漫画，污辱曹无咎。这下子，惹得曹无咎怒从心起，早将项羽的嘱咐忘到九霄云外。他立即带领人马，杀出城门。殊不知，这正中了汉军的计谋。曹无咎的士兵刚度过汜水一半，汉军就强兵压境，迎头痛击，在水上把曹无咎打得溃不成军。

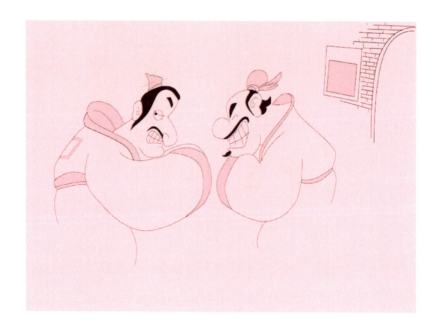

自古商场上同行是冤家。他们之间的明争暗斗、尔虞我诈之术，无不让人心惊胆战，甚至让人佩服他们的"方圆"之胆量。他们的"忍"功已经练到可谓炉火纯青的地步。

市场竞争中，同类产品抗衡，最容易导致企业间强者胜、弱者败的结果。然而，弱者若能巧用同中求异、以退为进的方圆战术，同样能找到一条生存发展的捷径。当然，这种让步不是盲目的屈服，而是在深入分析的基础上，意识到做出让步后，最终受益的是自己，才做出的选择。

20世纪80年代，英国规模较小的利物浦电气公司与实力雄厚的曼彻斯特电器公司同时生产汽油泵发动机。在曼彻斯特公司咄咄逼人的市场态势下，利物浦公司很快陷入困境。利物浦公司的决策者冷静地分析了双方实力、发动机市场的现状及趋势，毅然决定放弃与"曼彻斯特"同台竞争，转而按用户的不同要求生产各种特殊用途的汽油泵发动机。不论是结构、安装还是通风装配方面，这些发动机都各有特色，他们还设计了防爆用的金属硬壳。而"曼彻斯特"生产的发动机是标准和通用的，如另加防爆装置，其产品的成本和价格就会高出很多，并且型号单一，不能满足不同消费者的需要，这就自然让出了特殊的其他型号的发动机市场，从而使利物浦公司在同类产品的市场竞争中得以生存下来。

在商战中，当势均力敌的同行竞争起来，若是谁也不让谁，最后的结果只能是两败俱伤。因此，在权衡利弊之后，明智的一方会主动做出让步，有时会取得意想不到的效果。

05 难得
"糊涂"

　　成功者不仅具备优秀的硬件，还需要有良好的心理素质和沉着应战的能力。他们知道有些事情尽心去做就够了，没必要挑明，因为他们的如意算盘早已打好，表面上让人看起来糊涂至极，其实他们的心胸似水一般沉静而深不可测。他们考虑的是长远的、更大的利益，计划详尽而周密，遇事不会自乱阵脚。

　　有人做过统计，世界上80%的财富掌握在20%的人手里，这是一个真理。那么，为什么只有少数人可以成为富人呢？因为只有少数人能够敏捷地抓住商机。

　　1955年，包玉刚筹集了70多万美元，专门到英国买回了一艘已经使用了28年的旧货船，成立了环球航运公司，开始了经营船队的生涯。当时，世界航运界通常按照船只航行里程计算租金的单程包租办法，即每跑一个航程，就同租用船只的人结算一次。这样不但收费标准高，而且可以随时提高运价。

　　然而，包玉刚并不打算为暂时的高利润所动。他坚持采用低租金、长期出租的稳定经营方针，避免投机性业务。这在经济兴旺时期的许多人看来，他实在是"愚蠢之举"。许多人都劝他不要"犯傻"，改跑单程。他的回答是：

"我的座右铭是宁可少赚钱，也不去冒险。"

其实，包玉刚心里早已盘算得非常清楚：靠运费收入的再投资根本不可能迅速扩充船队，要使自己的航运事业迅速发展，必须依靠银行的低息长期贷款；而要取得这种贷款，则必须使银行确信他的事业有前途，有长期可靠的利润。因此，他把买到的一条船以很低的租金长期出租给一家信誉良好、财务可靠的租船户，然后凭这份长期租船合同，向银行申请到了长期低息贷款。

依靠这些长期、可靠的贷款，包玉刚发展壮大了船队。本着长期、稳定的方针，他只用了20年的时间，就把公司发展成为拥有总吨位居世界之首的远洋船队，登上了世界船王的宝座。

成功者表面上给人不思进取、碌碌无为的印象，其实他在用功，他先隐藏自己的才能，掩盖内心的抱负，以便等待时机，筹备实施计划，而不露声色。古代兵书告诉我们，真正善于打仗的，决不会炫耀自己的智谋和武力。

清代著名的扬州八怪之一郑板桥的一生中，皓首穷经，没有从圣贤书中学到多少人生真谛，却从世态炎凉和官场丑恶中总结出了一句至理名言——难得糊涂。

中国古代的道家和儒家都主张"大智若愚"，而且要"守愚"。孔子的弟子颜回会"守愚"，深得其师的喜爱。他表面上唯唯诺诺，迷迷糊糊，其实他在课后总能把先生的教导清楚而有条理地讲出来，可见若愚并非真愚。大智若愚的人让人感觉其虚怀若谷，宽厚敦和，不露锋芒，甚至有点木讷。然而，在若愚的背后，隐含的是真正的大智慧、大聪明。

孔子年轻时，曾受教于老子。老子对孔子说："良贾深藏若虚，君子盛德容貌若愚。"意思是说，善于做生意的商人，总是隐藏其宝货，不叫人轻易看见。君子之人，品德高尚，容貌却显得愚笨拙劣。

因此，老子警告世人："不自见，故明；不自是，故彰；不自伐，故有功；不自矜，故长。"即不自以为能看见，所以能看得分明；不自以为是，所以是非昭彰；不自我炫耀，所以大功告成；不自高自大，所以为天下之王。

这种处世态度包括了愚者的智慧、隐者的利益、柔弱者的力量和真正熟知世故者的简朴。这种境界的达到，往往是一个高尚的智者在人生的迷恋中幡然悔悟后得来的。

装"糊涂"有时候也是一种无奈之举，特别是当弱者面对强大的敌人时，装糊涂就成为一种重要的智慧了。

1864年，在日本的德川幕府时代，西方列强对日本虎视眈眈，他们以武力要挟日本签订割让日本彦岛的条约。日本方面派高杉晋作为谈判代表。为了国家的安危，高杉晋作尽自己的能力与列强在谈判桌上周旋。在签字仪式上，高杉晋作滔滔不绝地说："我日本国，自从天照大神以来，就……"把日本的历史一一述说出来。历史文字一般高深难懂，倘若再译成其他语言，则更要费时费力。因为高杉晋作的这一作法，翻译大为头痛，很多地方不知如何用英语表达，而西方列强代表听得更是云山雾罩。最终，谈判无法再继续下去，据说签字之事也就不了了之了。

社会是一个大家庭，每个人都有自己的缺陷，对于别人的缺点，我们有时候也需要"糊涂"一点。这种对人们缺点的"糊涂"，是一种难得的糊涂。有时候，"糊涂"是日常生活中不可或缺的一个音符，"糊涂"是为人处世时刻都用得上的。

这里所说的"糊涂"，是指在待人接物时，装装糊涂，讲点艺术。

"大勇若怯，大智若愚"，这是苏轼的观点。苏轼在《贺欧阳少师致仕启》中说："力辞于未及之年，退托以不能而止，大勇若怯，大智若愚。"对于那些不情愿去做的事，可以以智回避。本来有大勇，却装出怯懦的样子，本来很聪敏，却装出很愚拙的样子，如此可以保全自己的人格，同时也可不做随波逐流之事。真正聪明有大勇的人未必要大肆张扬，徒有其表，而要看其实力。明代大思想家李贽也有类似的观点："盖众川合流，务欲以成其大；土石并砌，务以实其坚。是故大智若愚焉耳。"

成功的道路并不是笔直平坦的，它是由许多曲折和迂回铸成的。聪明的人在不能直达成功彼岸的时候，就会采取迂回前进的办法，不断克服困难，最终走向成功。因此，当我们面临困难，面对无奈和尴尬时，不妨装装糊涂，只有这样，成功才会属于你。

"糊涂战术"在商战中常能有效地迷惑对方，使对方麻痹大意，从而抓住时机，出奇取胜。

在企业管理上，上司对待下属的宽容，同样也是对"糊涂"方圆战术的灵活运用，这同时也是每个领导应具备的素质。没有一个下属愿意为那种凡事都斤斤计较、小肚鸡肠，对一点小错抓住不放，甚至打击报复的领导去卖力办事。

俗话说："将军额头能跑马，宰相肚里可撑船。"当领导的要能容人、容事、容得不同意见、容得下属的错误。尽可能地原谅下属的过失，这是一种重要的笼络手段。对于那些无关大局的事情，领导者不可同部下锱铢必较，要

171

知道，对下属的宽容大度，可以使下属忠心耿耿地为自己效力，从而为事业的发展奠定良好的基础。

曹操，又名吉利，字孟德，小字阿瞒，沛国谯人，东汉末年杰出的政治家、文学家、军事家、统帅。他官至丞相，封魏王，谥武王，其子曹丕称帝后，追尊武皇帝，史称魏武帝。曹操自幼机警，有胆识，人称一代枭雄。曹操戎马一生，用兵灵活，擅长选帅用将，治军严整，赏罚分明。有一次，他的爱马受惊踏入麦田，曹操当场割下自己的一绺头发代替首级，以肃军纪。他善于用谋略，对将士体恤入微，以此赢得了军心，为自己统一北方打下了基础。

公元199年，曹操与实力最为强大的北方军阀袁绍相拒于官渡，袁绍拥众十万，兵精粮足，而曹操兵力只及袁绍的十分之一，又缺粮，明显处于劣势。当时很多人都以为曹操这一次必败无疑了，曹操的部将以及留守在后方根据地许都的很多大臣为保全自己，都纷纷暗中写信给袁绍，准备一旦曹操失败便归顺袁绍。

相拒半年多以后，曹操采纳谋士许攸的奇计，袭击了袁绍的粮仓，一举扭转了战局，打败了袁绍，这可让那些给袁绍写信的人傻了眼，既怕事情败露，自己的信件被曹操看到而遭到杀身之祸；又心存侥幸，希望大乱之中信件丢失。

然而，曹军在清点战果的时候，还是发现了这一大捆投降信。一位官员抱着这些信件，急匆匆地来向曹操汇报："袁绍仓皇逃走，留下不少东西，其中有一些信件是暗地里写给袁绍的，有人明白表示要离开主公，投奔袁绍。"

曹操的亲信得知这些信的内容后都很生气，有的说："吃里爬外，这还了得！应该把他们抓起来！"

有的说："杀一儆百，看谁以后还敢向敌人投降。"

曹操也非常气愤，他想："这些不忠不孝不仁不义的东西，在我最困难的时候竟然要离我而去，不杀了他们不足以平息心中的怨恨。"但曹操毕竟是一代英雄，他转念一想："这里面有很多自己的爱将和谋士，如果把他们都杀掉了，我拿什么来争夺天下啊？这不是自断手足吗？"想到这里，他胸中释然了，命人把文武百官召集起来，对他们说："我这里有一些从袁绍营中收缴的密信，但是，我并不感兴趣，把它们统统的都烧掉吧。"

文武百官们有的抬头看了看曹操，有的身子突然颤抖了一下，有的脸上流下了汗水。

"真的不查了？"有人轻声问。

"是，不查了！"曹操说，"以后大家只管一起打天下，打江山就是了。"

此举让那些写信投降的官员们大为震惊，他们对曹操的宽宏大量十分钦佩，都愿意从此以后全心全意为他效力。

不查内奸，似乎糊涂，但实质是精明至极。曹操的做法不仅使那些本以为要杀头的官员非常感动，从此自是竭尽全力为其效命，而且旁人也觉得曹操度量大，愿意在其麾下效力。

从这里，我们不仅看到了曹操的宽宏大度，远见卓识，也可以洞悉他驾驭部下，使部下以死为他效命的高超手段。

聪明睿智的经营者往往拥有众人皆醉我独醒的自信，他们坚信自己的行销策略是正确的，不顾众人的非议，坚持到底，这样的行销者便是把"糊涂"发挥到了极致。

微软公司作为全世界最大的软件公司，其WINDOWS系统在IT行业一直处于全行业的垄断地位。然而，正是由于微软始终站在全行业无可匹敌的霸主地位上，以至于蜷缩在微软大树下的中小型公司无法生存。因此，他们联合起来状告微软公司破坏了公平竞争的原则，使得竞争无法产生，造成创新意识的衰退，损害了国家的利益以及消费者的利益。

全世界90%的电脑都在使用微软的WINDOWS视窗作业系统，而所有的应用程式如果不与微软的程式相容，便无法在市场上立足。与此同时，为了进一步占领市场，微软公司还推出了捆绑式销售，将微软自产的OFFICE等办公软件与WINDOWS视窗作业系统一起出售。这样一来，就使得其他的软件商根本无法在市场上立足，微软极大地伤害了自由经济环境下的公平竞争原则，这就难怪全世界的软件行业和消费者都把微软视为可爱又可憎的IT巨鳄，对其既无奈又割舍不得。

尽管遭受了如此多的非议，状告微软的人也越来越多，但是盖茨却不为所动，依然我行我素，按照自己的意愿全力发展他的软件帝国。他坚信只要全世界90%的人还在用他的微软视窗，那么，无论是法官还是美国政府都不能把他怎么样，这就是盖茨所仰仗的筹码。

在全球的非议之中，在无数的起诉之间，盖茨装聋作哑，继续进行他的强势销售，使得微软公司成为股票市值达上千亿美元的超级巨头，而盖茨本人也连续数年登上全球首富的宝座。盖茨向全世界的行销者证明了事实是检验真理的最佳办法，微软用事实证明他们是最赚钱的IT公司，这一点即便是他的敌人也不得不承认。

然而，在现实中能够顶住压力、坚持自己信念的人并不多，因为这些压力与非议可能来自于你的直接领导、下属，甚至是投资人。在他们的非议之下如何坚持自己的信念便成了最困难的问题。这需要拥有最坚强的信心，要么尽力说服他们，要么就装聋作哑，坚持自己的信念，让别人去说。

兵法有云："上兵伐谋，夺气为伐谋之本。"当你陷于被动境地的时候，为了拖延时间，找出对方的破绽，或者故意装作不懂、不明白，让对方放松警惕，消磨对方的锐气，这样便利于己方的反击。

06 软硬兼施，
    刚柔并济

成功者为了达到目的，总是想尽一切办法，"恐"就是其中手段之一。与"捧"相对，使用"恐"，等于把自己由被动变为主动。精明的人会利用人们"求胜心切"的心理，采取各种办法"牵着别人的鼻子走"。

日本本田汽车公司的汽车销售状况一直都很好，这当然应归功于本田汽车的质量和性能都十分可靠。但是除此之外，必要的营销手段也是不可或缺的。

俗话说："物以稀为贵。"越是少的东西，人们就会觉得它越珍贵，这是人们的普遍心理。在出手阔绰的日本消费者眼里，似乎有钱也难买到的商品才是更具有购买价值的。因此在许多人的心目中，市场上紧俏的产品是最好的产品。在开拓市场时，本田汽车公司就经常利用人们的这种心理，采用限量销售的办法，而每次都会取得出人意料的市场效果。

1991年，本田汽车公司推出一款名为"费加洛"的、具有"古典浪漫风采"的复古型轿车。为了使该车能以高价在市场上畅销，丰田公司经过精心策划，反复论证，最后决定召开一次新闻发布会。在会上，他们宣布了一条出人意料的消息：费加洛车只限售两万辆，以后也不会再生产，并只在一定时间内接受预订，然后抽签发售。在这种情况下，即使预订也无法保证就能中签。就这样，客户的胃口被高高地吊了起来。

消息传出后，在日本上下引起一阵轰动，前去申请订购该车的人超出了30万。能中签买车的人当然欣喜万分，而没有中签的人则千方百计去搜寻二手车，令二手车的行情比原价高出一倍。在这次促销行动中，本田汽车公司大获成功，当年本田汽车公司的产量累计达400万辆，营业额达400亿美元。

这次成功策划就在于有效地运用了饥饿营销法则，进行限量销售。同时能够在明的限量下暗中抬高价，以限量来掩饰获取高利润的目的，从而获得了

最大的经济效益。

在现代社会中，精明的商家总是会把饥饿营销当做一种主要的销售手段。他们会刻意营造出一种紧俏、抢购的氛围，令消费者争先恐后地购买，以求得最大的收益。

万事发是日本万事发公司生产的名牌香烟。过去，万事发公司只是一家默默无闻的公司，直到20世纪80年代末才一下子红了起来，而且不是在日本，而是在欧洲。

欧洲的烟草广告泛滥，要在欧洲立足，打开市场，谈何容易？且不说大名鼎鼎的名牌烟，如555、万宝路、希尔顿、沙龙等，普通的香烟种类也达70多种。何况吸烟人一旦吸上某种烟后就很少再更换其他牌子。万事发能在欧洲市场找到自己的立足之地吗？

雷吉斯·汉诺是英国一家电视台的政治评论员，每星期四晚上都在伦敦市的电视上出现。他平均每天就要抽掉一包香烟，而他习惯抽的牌子是本国产的一种香烟。

有一天，一个年轻人请求拜访他，他此行的目的正是给汉诺送免费香烟来的。年轻人告诉汉诺，这是日本生产的万事发香烟，其他的两个电视节目主持人也都非常喜欢这种万事发香烟。年轻人继续说道："我们只送给像您这样有名气有身份有地位的人。我们公司每月都会准时寄两条万事发香烟到贵府的，如果不够还可多赠。"

年轻人留下两条万事发香烟便告辞了。

一个月后，汉诺果然收到了两条万事发香烟，还有一份随烟一起寄来的调查表。从此以后，汉诺就用万事发香烟代替原来的香烟了。

有一些被万事发公司"忽略"的名人，他们为了也获得这种"专给名人抽的烟"，主动打电话给万事发公司。一时间，"万事发"成了名气的象征。

短短的几个月后，万事发的代理商便遍及欧洲大小120多个城市。万事发公司每月要支付这些烟的费用高达1200万日元，加上开设代理商的费用，每月总共要支出2000万日元以上。

"这完全是孤注一掷式的赌博，风险太高了。2000万日元，单向支出，太奢侈了！"董事局会议上有人提出异议。

"这可是全体董事们一致通过的方案啊！"欧洲事务总裁、美籍华人罗伯特·歇尔反驳道。

"关于目前的情况，我想请来自伦敦的代理商威克尔给大家说说伦敦的情况。"罗伯特身边的一位年轻人站起来了，他就是送香烟给汉诺的人。他说：

"伦敦一共有38位名人免费获得我们的香烟。他们分布在各行各业，有电视节目主持人、足球教练、科学家、作家等，还有白金汉宫的一个画师，伊丽莎白女王非常欣赏的点心师。白天我们也经常收到几个或几十个自称是名人的电话，要求我们也免费送烟给他们，但更多的电话和来信是询问，哪里或如何才能买到万事发香烟，或询问万事发和别的烟的不同之处。我们上个月销售量已增长到93条，而且大多数的购买者是有身份的人或白领……种种迹象表明，我们的赠烟活动取得了很大的成功。"

接着，又有几个城市的代理商做了汇报，都表示效果令人满意。

于是，万事发公司成倍地增加香烟投放量。两个月后，许多城市的市面上已随处可见万事发香烟了。同时，关于万事发牌子的广告也如雨后春笋般地冒了出来。这时，万事发的日销售量达到了2000条的新纪录。

随着万事发频频抛头露面，几乎是同一天，那些免费消耗万事发香烟的名人意外地没有收到赠烟。只有一个传单的启示，声称：由于公司的流动资金出现困难，不得已中断赠烟。以后各位随便走出家门就可买到这种烟，见谅。

停赠香烟后，万事发的销量又翻了一倍，达到每日5000多条的销量。此后，这个数字还在飞速增长。

万事发公司成功地运用了饥饿营销妙法，并利用名人效应，吸引人们对万事发香烟的好奇心。随后，又采用香烟短缺来吸引急于求购的顾客，而不用诸如资金、管理方式、生产等问题来回绝。兵不血刃地击败对手，达到目的，正显现了万事发高超营销手段。

当你面对的是一个消费群体时，必须运用敏锐的观察力，找出这一消费群体对于你所行销商品的关注点在哪里，是价格、质量，还是赠品的多寡？只有找到了这个关注点，你才能找到消费者的死穴。在这个死穴上轻轻点一下，便会促使消费者迅速做出购买决定，这便是行销恐吓的精华所在。

同时要切记，无论做什么事情，都应该把握住分寸。过火地恐吓必定会招来消费者的反感，这就需要你对事情进程的把握恰到好处。而要做到这一点，便需要拥有敏锐的观察力、广博的知识以及战略的眼光，只有这样，才不会伤及自身，才能收到意想不到的行销奇效。

07 做大事者
要兼济天下

《孟子》曰："穷则独善其身，达则兼善天下。"意思是说，不得志时就洁身自好修养个人品德，得志时就使天下都这样。其中，"兼善天下"就是我们所说的"兼济天下"，对于成功者来说，"兼济天下"的胸怀，多为人们谋福利，这才是至高无上之道德。

作为国家大权的掌握者，中国古代的帝王值得推崇的人之中首选唐太宗李世民。

在平定隋末民变时，李世民就已表现出非凡的才能，使唐高祖李渊为挑选合适的继承人而煞费苦心。同时，在战争过程中，李世民得到了一班能征善战、谋略过人的部下，如尉迟敬德、李靖、房玄龄等，这就大大加强了他与太子李建成争夺帝位的能力，终使兄弟两人为争得帝位而进入白热化阶段。

武德九年六月四日（公元626年7月2日），秦王李世民向李渊告发李建成和李元吉的阴谋，李渊决定次日询问二人。李建成获知阴谋败露，决定先入皇宫，逼李渊表态。在宫城北门玄武门执行禁卫总领常何本是太子亲信，却被李世民策反。六月四日，李世民亲自带100多人埋伏在玄武门内。李建成和李元吉一同入朝，待走到临湖殿，发觉不对头，急忙拨马往回跑。李世民带领伏兵从后面喊杀而来。李元吉情急之下向李世民连射三箭，无一射中。李世民一箭就射死李建成，尉迟恭也射死李元吉。东宫的部将得到消息前来报仇，和李世民的部队在玄武门外发生激烈战斗，尉迟敬德将李建成、李元吉二人的头割下示众，李建成的兵马才不得已散去。之后，李世民跪见父亲，将事情经过上奏。两天以后，唐高祖李渊下诏将李世民立为太子。八月，唐高祖禅位而为太上皇，李世民登上帝位，是为唐太宗。第二年年初，唐太宗改元贞观。

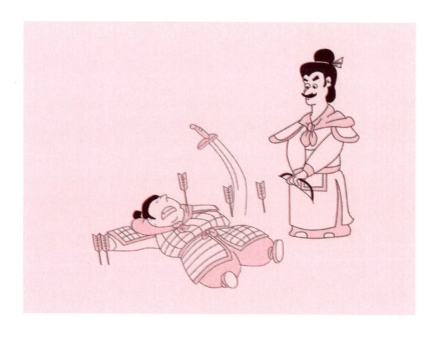

唐太宗在位期间，除政治、军事方面有卓越成就外，在社会、文教方面都有更张。在社会方面，鉴于士族仍然垄断高官之途，为了平抑门第，也为了给国家提供更多的人才，唐太宗一方面命高士廉选《士族志》，以"立功、立德、立言"为标准，重新评估士族，无功德者一律除名；另一方面，承袭隋代的科举制度，选拔人才。

唐太宗任用贤能，从善如流，闻过即改，他还视民如子，不分华夷，从而开创了"贞观之治"的盛世局面，成为千年称颂的好皇帝。

人们并不景仰"富人"，而是景仰那些对社会有所回馈的"富人"。他们在功成名就时不忘反哺社会，承担一份社会责任。投入的是善款，产出的是社会效益，回报的是全民利益。

在商界，犹太人深谙经商之道，把经商的绝妙之处可谓演绎到了完美极致。

曾经有人花了25年的时间研究犹太超级富翁的生活，发现他们对金钱方面的态度很值得我们学习："获得金钱的最有效的方法，就是先捐钱。只有做到这一点的人，才有可能成为最富有的人。"

你可能时常发现，事业有成的犹太人在商场上是一个古灵精怪的冷面杀手，但在另一方面，对需要帮助的人而言，他们却拥有一颗最温柔的心。犹太人人数稀少，但所奉献的金钱却高得让人难以置信。尽管在一般人的印象中，犹太人是很吝啬的，但事实上，犹太民族是最有善心的民族之一。

在美国，美籍犹太人的力量相当强大，主要原因是他们善于组织和动员经济力量。他们的慈善捐赠不但支持散布世界各地的犹太人，也协助个别犹太人在经济上前进。《塔木德经》中写道："你能够施舍多少钱，就会拥有多少财富。"在整个犹太族裔中，施舍使他们变得更有钱。

在1997年，犹太人的全部捐赠金额大约有45亿美元，其中15亿美元捐给包括犹太联合捐募协会之类的团体组织；20亿美元捐给犹太教会；7亿美元捐给以色列；2.5亿美元捐给教育、宗教等机构。在美国最慷慨的捐款人中，犹太人十分突出。1999年4月，在美国《价值杂志》列出的当年100个大善人中，有35位是犹太慈善家。这本杂志的排行榜特别有意义，因为其中计算了已经动用的终身捐赠金额。排行榜中，高居榜首的是犹太商人索罗斯，他的慈善捐赠已经超过20亿美元。

世界首富、微软总裁比尔·盖茨在生意场上凶狠霸道，独断专行，商业手段无所不用其极，每每令对手胆战心惊，然而在慈善事业上他却异常宽厚。多年来，他与妻子美琳达的分工相当明确：丈夫挣钱，妻子捐钱。盖茨—美琳达基金捐资主要集中在美琳达最关注的两个领域：少儿医疗保险和教育。在美琳达看来，这是缩短贫富差距的关键。

1993年秋天，盖茨和美琳达到非洲旅游，当地人民的极度贫困让盖茨震撼。感慨之余，他扪心自问："我能为他们做些什么？"老盖茨对儿子说，可以建立基金会，开展慈善工作。盖茨欣然答应，建立了9400万美元的基金会。

2003年，美琳达·盖茨与丈夫比尔·盖茨再次走进非洲，到多家医院进行参观访问，与医护人员及艾滋病、痛症、疟疾等重症患者亲切交谈。盖茨重申："有生之年，我们打算将价值400多亿美元的财富全部捐献给社会。"

2004年7月，盖茨做出惊人之举，他决定将30亿美元的微软股票红利投入"盖茨—美琳达基金会"，这成为美国历史上最大的一笔捐款。同时，盖茨也赢得了世界上"最乐于慈善事业的人"的称号。至此，盖茨已将他37%、价值283亿美元的财富用于各种公益事业。

同样，我国的许多企业家如李嘉诚、霍英东等也都以产业报国、实业兴邦为己任，在发展自己企业的同时，时刻不忘回报社会，让自己的企业深深地扎根于社会，同时也为自己的企业带来了旺盛的生命力。

第六章
职场应对，须左右逢源

　　职场如战场，真正懂得做事的人，在职场上方能如鱼得水，在竞争日益激烈的职场，审时度势，在该坚持原则维护自己利益时毫不退让；在形势不如意时，可以全身而退；在上司、同僚、下属之间，可以左右逢源。

01 人各
有志

　　烧炭的人单独租住着一间房子，为了节省房租，一直想找个人合租。这时，一个漂布的人想租房子住，正在到处寻找。于是，烧炭的人对漂布的人说："那咱俩住一块吧，房租一人一半。"漂布的人说："房租不是问题，问题是咱俩根本就不可能住一起。"烧炭的人问："为什么？"漂布的人说："这不明摆着吗？我好不容易漂白的布，都会被你弄黑的。"

　　孔子说"同声相应，同气相求"，《易经》中说"方以类聚，物以群分"，贬义一点的说法像"臭气相同"，说的其实都是同一个道理。都是说走到一起的人都是因为某种类似，不同类型的人永远走不到一起。油和水虽然都是液体，但不可能将它们混合在一起，因为它们属于两种类型。

　　职场中，由于工作关系，每个人都不可避免地会与周围其他人形成一种远近亲疏各不相同的关系状态。维系这种状态，总有某种"力"存在，我们不妨称之为"关系力"。凡是有过职场经历的人都会发现，这种"力"其实只有两种：理性力和感性力。两种不同的"关系力"，就会形成完全不同的交往形态。

一种是理性交往，相当于被动交往。就是纯粹是因为工作的原因，或者不搞好关系就有可能损害自身利益等原因，极不情愿，甚至是硬着头皮去交往。比如说，本来不喜欢，甚至厌恶自己的领导，但考虑到利害关系，还是不得不笑脸相迎，好话连篇。再比如，本来对某同事很反感，但是担心被人说"合作性不好"或"团队意识不强"，影响自己的发展，不得不勉强应对。这种类型的交往依据工作关系的存在而存在，一旦没有了工作关系，交往即刻停止。

一种是感性交往。有时甚至说不清是什么意愿，反正是觉得能说到一起，很有缘分，很合得来，即常说的"投脾气"或"对胃口"。这种关系不但工作配合得默契顺畅，即便是在非工作时间，也经常喜欢往一起"扎堆"。

有的人总是希望自己能搞好与所有人的关系，总在做各种各样的努力。

其实，这完全是很主观的想法，不符合人际交往的内在规律，是不可能，也是不必要的。往往在一开始就能合得来的人，即使中间曾经有过这样那样的矛盾或不愉快，但始终还是能合得来。一开始心里就疙里疙瘩的人，不管有意识地做出多大的努力，也无济于事，始终还是合不来。有时候，从来没有见过面的人，一旦相遇或相识，会产生"相见恨晚"的感觉。有时候，在大街上擦肩而过的陌生人都会使人觉得有很熟悉、很亲近的感觉。所以对于工作中人与人之间的关系，不要苛求，一随缘分，二凭理性。有缘分时，就走近点，除了工作之外，还可以交流情感，甚至成为生活中很好的朋友；没有缘分时，就离远点，只要保持正常的交往即可，或者维持纯粹的工作关系就行了，不要因为拉不近关系而无谓的伤脑筋，甚至感到苦恼或焦虑。

刚进这家房地产公司时菲菲还是新人。为了得到公司的认可，菲菲几乎成了工作狂，并常常能想出很多新颖实惠的点子来。菲菲的第一次策划就得到经理"有创意、很新颖"的表扬。经理的嘉奖使得菲菲更加自信大胆地工作。

同事丽丽是菲菲结识的好朋友，在菲菲忙得天昏地暗时，她会适时地递上一杯咖啡；菲菲加班时她又会送来一盒盒饭；当菲菲的两只手恨不得当八只手用的时候，她总是自动拿起材料帮菲菲打印好。她就是这样在一点一滴的小事中感动菲菲。

一次，菲菲满意地完成了一个策划交给经理。谁知第二天经理找到菲菲："我本来很看重你的才华和敬业精神。没有新点子也没什么，但你不该抄袭其他同事的创意。"经理看菲菲一脸惊讶，递给菲菲一份策划书。

天哪，竟然与菲菲那份惊人地相似，而策划人竟是丽丽。

面对经理的不满和菲菲好朋友的"心血"，菲菲哑口无言，因为菲菲没有任何证据证明自己的清白。

机会终于来了，不久，菲菲接了一个很重要的任务。菲菲比平时更忙了，她从自己的新点子里筛选出两个方案，做出A、B两份策划书。明里丽丽还是经常主动来帮菲菲做A策划书，但暗地里菲菲已把B策划书做好交给了经理，并请经理先不说出去。果然，不久丽丽交上一份与A书颇为相似的策划。明白真相后的经理非常恼火，请丽丽另谋高就了。丽丽走后，菲菲一点也不高兴，因为菲菲不只失去了一个朋友，还失去了对同事的信任。

长期从事人际关系研究的深圳大学金赛博士指出：随着社会分工专业性的加强和职能的细化，表现在工作能力上的竞争只是衡量人们潜在能力的外化标准，它可以通过时间、阅历、工作的熟练度加以解决；而另一种竞争虽然早已存在，但多数人出于良好的愿望和粉饰太平的需要，将其抹杀到最弱化的程度，那就是通过诸多巧妙而合理的方法让自己在工作环境里拥有好的位置、好的人际关系，同时熄灭那些可能引燃障碍和麻烦的危机火苗。

不过，办公室里同事间的"危卵之谊"可能还会持续，因为，生活的本来面目就是这样。

　　人与人之间关系的远近，更多的时候是一种感觉，而不是刻意的追求。也有一种人，很会"追求"关系，很有心机。他们为了自己的利益，会有意识、有选择地安排自己的交往对象。在不了解内情的外人看来，似乎黏得很紧，感情拉得很近，其实这只是表象而已，实质上也是属于理性交往的类型。一旦相互利用的价值不存在了，他们的关系也会自然而然地疏远了。

02 搞好同事关系，
办事事半功倍

在公司中，同事可以说是和自己最知心的人。无论有什么怨言或有什么烦恼，同事都是最好的倾诉对象。

不管你工作的环境怎样的不顺利，遭遇怎样的困境，但你仍然可以在你的举止之间，显示出你的亲切、和蔼、愉快的精神，使同事于不知不觉之间来亲近你。

人格优秀、品格高尚的人，不仅受同事欢迎，而且处处能得到同事的帮助。只要你能在日常工作中处处表示出乐于助人、愿意帮忙的态度，你可以将你自己化作一块磁石来吸引你所愿意吸引的任何人来到你的身旁。一个只肯为自己打算盘、斤斤计较的人，会到处受人摒弃。

吸引同事的最好方法就是显示你对他们很关心、很感兴趣。但你不能做作，你必须从内心里真正关心别人、对别人感兴趣，否则，别人会认为你很虚伪。

以下是与同事相处有道的几种方法：

为得到对方的共鸣，必须对对方的话有所回应。

夸奖的言辞要能满足对方的自我意识。当对方对自己的赞美有良好的反应时，不要就此结束，而必须改变表达方式一再地赞美。

对具有绝对信心的人加以贬抑，反而能更加亲密。

有意忽视在事前听到的有关对方的传闻，而从另一方面赞赏他。

与有自卑心理和戒备心理的人第一次会谈是很困难的，应表现得平易近人，拆除对方心理上所筑的防卫墙。

听对方的笑语而发笑，比自己说笑话更容易达到关系融洽。

当然，办公室也是一个是非场所，每天都在发生着各种各样的是非。这些是非有的是关系到你的，有的是你的同事之间的，有些是一些小事，有一些是关系到上司的……面对这些是是非非，该怎么办呢？最好的办法是：远离是非。

做一个"公司人"，社交活动不免与公司有关。下班之后，与同事一起喝杯酒，聊聊天，不但有助于日常工作，还可能知道与公司有关的消息。所以，公司所办的各种聚会，尽量参加，与同事及上司打一两场"社交麻将"也有必要，但有一点要记着：莫可随便、轻易交心。

同事之间，只有在大家放弃了相互竞争，或明知竞争也无用的情况下，才会有友谊的存在。如果交了真心，动了真感情，只会自寻烦恼。

同事关系是一切人际关系中较为微妙的一种。同事在一起共事，低头不见抬头见。在很多事情上都要互相帮助，互相关心。然而，同事之间也存在着利益关系，竞争关系，这些关系往往是对同事成为挚友的一种制约。因为在利益面前，很多所谓要好的同事会背叛你。

和上司比起来，前辈与自己并不存在职位的差距，而所谓的差别只是进入公司时间长短和工作经验多少的不同。

公司中前辈与晚辈之间没有像大学一样被划分为大一、大二、大三、大四那样具体而严格的级别之差。虽然如此，但身为晚辈，自己的意识里也一定要经常记着自己是晚辈，对前辈一定要给予足够的尊重。

例如，在上司交给前辈一件工作时，作为晚辈的你如果想帮忙的话，就要试着问："有什么需要我帮忙的吗？"

或者在上司说"谁都可以，把这个处理一下"时，自己要抢着说："我来做吧！"这样的主动姿态非常重要。相反的，"他虽然是前辈，可是年龄与自己根本没有什么差别嘛！""我也正在忙着呀！""什么事都要由晚辈做不是太可笑了吗？"如果你这样想、这样做的话，你和前辈的关系是不会很好的。

一般来说，在工作上经常给予自己提醒和警告的多数是前辈。前辈提醒和警告自己时的说话方式和态度，在当时可能难以接受，但是，前辈能直接提醒自己就已经很难得了。

在日常工作中，同事之间难免会发生一些争执，有时会搞得大家不欢而散甚至结下芥蒂。人是有记忆的，发生了冲突或争吵之后，无论怎样妥善地处理，总会在心理上、感情上蒙上一层阴影，为日后的相处带来障碍。最好的办法还是尽量避免它。

俗话说得好："有话好好说。"这是很有道理的。据心理学家分析，争吵者往往犯三个错误：第一，没有明确清楚地说明自己的想法，含糊、不坦白；第二，措辞激烈、专断，没有商量余地；第三，不愿以尊重态度聆听对方的意见。另一项调查表明，在承认自己容易与人争吵的人中，绝大多数不承认自己个性太强，也就是不善于克制自己。

相互之间有了不同的看法，最好的办法是以商量的口气提出自己的意见和建议，说话得体是非常重要的。应该尽量避免用"你从来也不怎么样……""你总是弄不好……""你根本不懂"这类绝对否定别人的消极措辞。

每个人都有自尊心，伤害了他人的自尊心，必然会引起反感。即使是对错误的意见或事情提出看法，也切忌嘲笑。幽默的语言能使人在笑声中思考，而嘲笑则会使人感到含有恶意，这是很伤人的。真诚、坦白地说明自己的想法和要求，让他人觉得你是希望得到合作而不是在挑别人的毛病。同时，要学会聆听，耐心、留神听对方的意见，从中发现合理的成分并及时给予赞扬或同意。这不仅能使对方产生积极的心态，也给自己带来思考的机会。如果双方个性修养思想水平及文化修养都比较高的话，做到这些并非难事。

03 学会
荣耀共享

曾经有一部风靡全球的电视连续剧叫《超人》，里面有这样一句话："一个人也可以改变世界。"那是一个个人英雄主义的时代。但在今天，无论你从事什么工作、处于什么环境，都无法脱离其他人对你的支持而一个人完成所有的事情。所以，我们在各种各样的颁奖典礼上总会听到人们不厌其烦地说："感谢我的领导，感谢我的同事，感谢某某人。"甚至我们听着这些套话都觉得虚假。可是，千万不要以为这些话是可有可无的套话，就算是虚伪的，该说也得说，该做也得做。因为潜规则说荣耀不属于你一个人，是属于大家的。

2004年7月，EMC总裁乔·图斯被授予摩根士丹利全球商业领袖奖，他在发表获奖感言时说："能获得这项一直以来受人尊敬的奖项是一种荣耀，不过我作为美国EMC公司的CEO不能独享这个荣耀。这应该归功于在EMC公司与我共同工作的卓越团队。在将公司向更成功的方向推进的过程中，EMC公司遍及全球的21000名员工倾注了无数的时间、精力以及创新的观念。"

乔·图斯的感谢是发自内心的。而他把他的荣耀归于他的团队和他手下两万多名员工，他的员工当然也会以他为自豪，而且会更加努力地工作。

当然，如果你想独享荣耀，荣耀就可能不再光顾你！

王先生很有才气，他主编的一套图文并茂的图书很受欢迎，还得了一个国家奖。为此，出版社特意开了一次会，表扬他的贡献。他除了得到新闻出版局颁发的奖金之外，社长另外给了他一个红包。那份荣耀让他激动万分。但没过多久，王先生脸上就失去了笑容。因为他感到社里的同事，包括他的上司和属下，都在有意无意间和他作对。

他也不清楚是怎么回事，最后还是一个和他比较要好的同事提醒了他。"你得了奖，和你个人付出的辛苦是分不开的，但你别忘了，没有社长的支持，没有发行部门的努力，没有别的编辑的帮助，你那么一大套书那么容易就成功了？可是你连句感谢的话都没有，大家心里能好受吗？"

王先生这才恍然大悟，他拿出了一部分奖金，请大家大吃了一顿，但还是没能解决问题。。

平心而论，这套书之所以能得奖，王先生真的是贡献最大，但是当有"好处"时，别人并不会认为他才是唯一的功臣，这么多人"没有功劳也有苦劳"啊，这是中国人习惯的思维方式，他"独享荣耀"，当然就引起别人的不舒服了；尤其是他的上司，更因为如此而产生不安全感，王先生头上的荣耀，成了对他的威胁，上司当然对他要"另眼相待"了。

后来，王先生受不了同事的排挤，上司的打压，不得不辞职了。

所以，当你在工作上有特别表现而受到肯定时，千万记得别独享荣耀，否则这份荣耀会为你带来人际关系上的危机。

要想保持荣耀并获得更大的荣耀，你应该做如下几点：

第一，把感谢的话说到位。比如，感谢同仁的协助，说自己只是个代表，功劳不属于自己一个人；尤其要感谢上司，真心感谢他的提拔、指导、授权。如果同仁的协助有限，上司也不值得恭维，你的感谢也有必要，虽然虚伪，但却可以使你避免成为箭靶。就像领奖台上的得主们，要感谢一堆人，虽然别人听腻了，但被感谢的人听了心里都会很愉快，你自己又不损失什么，何乐而不为呢！

第二，荣耀要大家分享。口头上的感谢是必不可少的，实质的分享更不能缺了。请大家吃一顿，在美酒的激励下，更真诚地感谢一番，让人家知道你真的离不开他们的帮助。这时候最易沟通感情，就算你和其中的某一位曾经有过什么过节，这时说不定还可以化敌为友呢！

第三，要更加谦卑。人往往一有了荣耀，就会自我膨胀，就可能忘了"我是谁"了。你的同事就会另眼看你，要忍受你的骄傲和气焰，但要不了多久，他们会在工作上有意无意地抵制你，让你碰钉子。因此有了荣耀，要更谦卑。要不卑不亢不容易，但"卑"绝对胜过膨胀，就算"卑"得肉麻也没关系，别人看到你的谦卑，就不忍心找你麻烦、和你作对了。

你获得的荣耀，可能是你一生最引为自豪的东西，你可以在睡梦里偷偷地乐，但千万不要因此得意忘形，独享荣耀。因为这是一个强调集体荣誉的社会，明里暗里你都不能违背了大多数人遵循的法则。

04 忠诚
要排第一

　　在绝大多数领导看来，判断下属是好是坏的关键，往往在于其能否循规蹈矩，彻底奉行领导的意志，而至于他的能力，倒是在其次。不违背自己的意志、完全忠心于自己的人，才不会给自己造成威胁。对于领导者来说，忠心占据首要地位，能力不是问题。反过来说，从某种程度上，那些能力高而自由意志太强的下属，正是领导们的大忌。领导者们正是处于这样的两难之中：太能干的下属不敢大用，用了又不敢充分授权。经过对利害关系的仔细衡量，他们一般都会把真正的权力下放给那些没有什么能力，但是却绝对忠于自己的下属。因此，对于一个下属来说，如果你想赢得领导的欢心，取得他的信任，最为关键的一点就是：无论你的才能有多高，千万要表现出对你的领导绝对忠心。

　　卫青是西汉武帝时期的重要将领，他率军与匈奴作战，屡立战功。后来，他成为汉朝最高军事将领——大将军，并被封为长平侯。尽管如此，卫青从不结党营私，从不越权。汉武帝心狠手辣，刻薄寡恩，杀大臣如杀鸡，卫青在他手下自是战战兢兢。然而，卫青却最终从容地逃过大劫，无灾无难地以富贵终老。

公元前123年，卫青率大军攻打匈奴，右将军苏建率领几千汉军和匈奴数万人遭遇，汉军全军覆没，只有苏建一人逃回。卫青召开会议，商讨如何处置苏建。大多数将领建议杀苏建以立军威，卫青却认为，作为人臣，自己没有权力在国境之外擅自诛杀副将，而应当把情况向天子详细报告，让天子自己裁决，由此表现出做臣子的不敢专权。他把苏建关押起来，送往京城。最终，汉武帝把苏建废为庶人，对卫青也更加宠信，而苏建对卫青的不杀之恩也感激不尽。

由此可见，卫青在为人处世上，尤其是在处理与上级的关系上，有着高明的智慧。他虽立有大功，但从不恃宠而骄，自始至终都是谦虚谨慎，一味顺从武帝旨意，从不越权，以防武帝猜疑。一般诸侯都会招贤纳士，但卫青深知武帝不满意诸侯这么做，于是从不敢招贤纳士。正因为处处小心，时时留意，卫青才可以做到功盖天下而不震主，手握重兵而主不疑，最终能够富贵尊荣，寿终正寝。

南北朝时期，宋明帝刘彧因为是从侄儿刘子业的手上抢来的江山，得位名不正，言不顺，难以服众，所以一上台就为应付各地造反搞得焦头烂额。处于这样的危急关头，自然需要大量的军事人才。吴喜就是在这样的形势下毛遂自荐，而且一出马就为宋明帝立下了大功。

吴喜本是文人，曾任河东太守。他性情宽厚，在任期间，秉公执法，广施仁政，因此很受百姓爱戴，人们都称其为"吴河东"。由于吴喜深受百姓拥护，所以早年的流民造反，都被他平息了。在平叛藩王的三千大军时，吴喜只带了几十个人去"游说群贼"，经过一番诚恳的劝说，叛军即日归降。从这一点来看，吴喜的才能丝毫不亚于古代那些著名的文臣武将。而这次吴喜向刘彧自荐平叛，刘彧也只给了他三百羽林军。孰料，吴喜一进入敌人的地盘，当地百姓一听吴河东来了，竟望风归顺。这样，吴喜不但轻易平定了叛乱，而且还生擒了七十六个士兵和叛将，除了当场斩首的十七个首恶外，其实全部被吴喜给赦免了。吴喜以三百人的力量，于一个月内横扫江南，就此一鸣惊人，成为智勇双全的大将。

按理说，刘彧刚刚登上帝位，在这人心不稳的情况下，能得到像吴喜这样智勇双全的大将，应该感到万幸才是，但是事实却并不如此。吴喜并没有因为建立了大功而得刘彧的宠爱，反而为自己埋下了杀机。问题出在吴喜出征时曾对刘彧说，抓到叛将，不论首从，他都将就地正法，以正纲纪。刘彧嘴上并没有说什么，但是心中却暗暗叫好，因为他也正希望吴喜这么做。不料最后，吴喜却违背了他的承诺，未经刘彧的同意就擅自赦免战俘。刘彧认为，吴喜这么做，无非是想博得人情、笼络人心，这种人迟早会给自己带来巨大的威胁，岂能容他？！果然，没多久，刘彧便找了一个借口，将吴喜赐死了。

唐朝大将李勣战功赫赫，在太宗朝武将之中的地位仅次于李靖。毫无疑问，这样的一位重臣，唐太宗自然格外器重。

然而，太宗在临死之前却给太子李治留下遗言："现在能帮你安定天下的武将，只有李勣一人。但是你对他没有什么恩德，我担心他会对你怀有二心。所以，我决定现在把他外放，如果他立即启程，你登位后，就马上把他召回，这样一来，你就算有恩于他了，而他也必定会感激于你，为你效命。但如果他有丝毫犹豫的话，就表明他心怀不轨，你必须立即杀了他，以绝后患。"幸亏李勣聪明，他很快便明白了其中的奥妙，因此一接到命令，连家也不回，就立刻回马上任，这才保住了一条老命。

很多人认为卫青的举止似乎过于谨慎，其实不然。汉武帝雄才大略、战功赫赫，但是也独断专行，桀骜自恃，对于那些犯了他的忌讳的人，无论才能多高，他都可以毫不怜惜地予以诛杀。卫青对此十分清醒，因此不管自己能力再高，权力再大，也要表现得很忠诚。正因为如此，卫青才能在这样一位领导者的手下保全自己，无灾无难地以富贵终老一生。

　　吴喜则刚好相反。他可以轻松地应付战场上的敌人，却没有弄清楚刘彧最想要的是什么。对于吴喜来说，释放叛将完全是出于一片仁心，而且这么做，说不定还可以为皇帝获取人心，多争取一些人才。但他万万没有想到，他的领导刘彧却是一个刻薄寡恩的人，只要是违背了他的意志，即使对于那些有功、有恩于他的人，不管功劳多大，他都会毫不留情地除掉，更别说委以重任了。

05 只做
正确的事

曾经有一本很畅销的书叫《致加西亚的信》，其中有这样的话："如果你为一个人工作，以上帝的名义，为他干！""如果他付给你薪水，让你得以温饱，为他工作，赞美他，感激他，支持他的立场，和他所代表的机构站在一起。""如果能捏得起来，一盎司忠诚相当于一磅智慧。"

对这些话，不同的人可能会有不同的理解。一般人会认为，这是对老板忠诚的体现，但却忽视了一个起码的原则：假如老板向你下达了错误的指令，你该怎么办？

比如，老板让下属撒谎。身在职场，经常会遇到这样的情况：老板有时会因为各种原因不想见一个人，或者不想听一个人的电话，他就会叮嘱你："某某找我的时候，就说我不在。"可是显规则告诉我们："诚实是做人之本，是事业成功的必备美德。"作为下属可能就别无选择了，你会若无其事地说："抱歉，张总今天没过来，你改日再来，好吗？"如果对方继续问，你会说："张总可能出差了，去哪里不清楚。"而实际上，老板就在你身边，你不是睁着眼睛说瞎话吗？如果你拒绝执行，肯定会得罪老板，并且可能因此失去工作。

其实，偶尔撒点小谎，如果对他人并没有造成多大的伤害，也是无可厚非的。但是，如果老板让你撒个弥天大谎，比如做假账，你可就得有坐牢的准备了。老板可能会用重金利诱你，但你要记住：一旦你犯了事，没有人能拯救你。你要提醒老板："你让我帮着你犯罪吗？"千万不要为老板去做丧失原则甚至违背公德、违背法律的事。要知道，有的老板很坏，他可能利用你的忠诚陷害你，一旦出现问题就把责任全部推到你身上，让你一个人背黑锅，你就跳进黄河也洗不清了。

忠诚不是唯命是从，当老板让你做一件涉及违法犯罪的事情时，你一定要拒绝。

下面的案例，昭示了盲从老板的可悲下场：

几年前，一个实力很强的老板A，刚刚与国外的一家公司取得联系，将合作进行一笔大的生意，不料，这个消息被竞争对手老板B得知。很快，老板B以更优惠的条件和国外的公司签订了协议。

老板A非常气恼，他找来了对自己忠心耿耿的下属小伟，想让小伟帮自己出口气。小伟20多岁，血气方刚，又加上东北人那种冲动的性格，当时就拍着胸脯表态："老板您放心，我要让他尝尝苦头。"老板A长出了一口气，拍着小伟的肩膀说："我不会亏待你的！"

果然，小伟找到了机会，趁老板B不注意，和手下几个哥们，把老板B一顿狠揍。可小伟万万没想到，他们出手太重，老板B被打死了。

公安机关立即介入调查，很快查到了小伟及其公司。在警方讯问人员的强大攻势下，小伟交代自己是受老板A指使。老板A却说自己并不知道这件事，他还冠冕堂皇地说："大家都在生意场上做事，关系很好，我怎么能出此下策呢！"

虽然老板A也受到了惩罚，但小伟却永远失去了最宝贵的东西。试想一下，如果他当初理智地规劝老板，自己不犯傻去做这件事，就算被老板辞退了，也还有很多机会去做别的事呀。

小伟的错，不在于他的忠诚，而是不应该盲从。忠诚并不是绝对的服从。

下面提出两个建议，不妨参考：

1.看懂你的老板

老板千差万别，但也有共同的特质。比如威严型的，在公司里整天板着脸，胆小的员工一看就战战兢兢，老板一安排任务就慌里慌张地接受；还有平民型的，和员工相处融洽，向员工下派任务，员工不好意思说"不"。如果你看懂了你的老板是什么类型的，就好对付了。不被威严吓倒，不被笑面迷惑，出错的概率就减低了。

2.保持冷静的头脑

老板的某些指令，你凭直觉就能觉察出是错误的，是不可执行的，就坚决拒绝。而有些指令，经过老板的伪装，让你一时感觉不出来，你就要冷静地思考，权衡利弊。确定是该做的，就毫不犹豫地去执行；如果是不应该做的，并且将对自己产生后患，即使是接受了，也要想方设法推掉。

老板永远是以个人利益为主的，如果他利用你的忠诚去做不该做的事，一定拒绝。没有任何借口，因为你是自己的，要对自己负责。

06 给上司
留足面子

俗话说："人活一张脸，树活一张皮。"人人都爱面子，视尊严为珍宝，尤其是做上司的更爱面子。若不慎做了错误的决定，或说了错误的话，如果下属直接指出或揭露他的错误，无疑是让他很没面子。也许，他会反过来教训下属道："怎么！当我连这个都不知道吗？你是不是存心让我难堪？"即使他们没有这么说，也一定会心中不悦，你给他的印象自然也就好不到哪里去，说不定哪天他还会找你的麻烦。

尽管人们口头都说"人尽其才"，但是在很多情况下，任何上司都有获得威信、满足自己虚荣心的需要，他们不希望部属超过并取代自己。因此，身为下属，如果你想处理好自己与上司的关系，不妨把自己表现得比上司"外行"一些或水平更低一些。

聪明的下属在和上司相处时，总是会千方百计地掩饰自己的实力，以假装的愚笨来反衬上司的高明，力图以此获取上司的青睐和赏识。当上司陈述某种观点的时候，他总是会装出恍然大悟的样子，拍手称好，深表敬仰；当他对某项工作有了好的可行之策时，不是直接阐发意见，而是用暗示的办法或在私下里及时告诉上司。同时，再抛出与之相左，甚至是很"愚蠢"的意见，让好主意从上司嘴里说出来。这样的下属，上司多半会倍加欣赏，对其青睐有加。当然，装"嫩"充傻也是要注意场合和时机的。

商纣王时期的箕子可以算是装"嫩"充傻的高手。箕子曾任太师，辅佐朝政，不料纣王昏庸无道，没日没夜地饮酒作乐，不理朝政。箕子劝谏了很多次，他都不听。纣王白天也关窗点灯，整日沉迷于酒色，最后竟然忘了日期了，问一问身边的人，他们也都陪他喝酒喝得糊里糊涂而不知道。于是，商纣王派人去向箕子打听，箕子心想："身为天下之主竟然忘记了日期，那国家还有什么希望呢。他们所有的人都不知道，如果我一个人知道的话，那我就危险了。"箕子便推辞说自己也喝醉了酒，不知道日期。商纣王昏庸无道，有人劝箕子离他而去。但箕子不忍离去，而是披头散发装疯卖傻，常常又哭又笑。商纣王以为箕子是真疯了，于是把他关了起来。而箕子也借此保全了自己。

箕子的做法非常明白地告诉人们，无论在什么问题上，都不要表现出自己比领导者高明，要掩藏自己的智慧，遮蔽自己的能力，才能避免遭到猜忌。

韩擒虎是隋朝开国功臣，在平定陈国的战争中，他首先攻入陈国都城金陵，俘获陈后主。胜利后，他将自己在战争中的种种谋略、战术加以总结，写出一本书，书名为《御授平陈七策》，即皇帝亲自授予的平灭陈国的策略。这样一来，韩擒虎就把平陈一战的辉煌胜利全都归功于皇帝的指挥和部署，自己即便有功劳，也仅仅是有执行了皇帝意旨的苦劳而已。随后，韩擒虎把此书献给隋文帝杨坚，杨坚见到后，十分高兴，不但拒绝了韩擒虎的好意，要他留着写进自己的家史中，并且授以高官，赏以厚禄。韩擒虎此次谄媚可谓十分成功，一举两得，名利双收。

韩擒虎用实际行动给属下们上了一堂课，那就是在必要的时候，一定要学会将自己贬抑下来，将上司无限抬高。尤其是在有功劳的时候，最好能够向上司表明对方"有其成功"，而属下只是"臣有其劳"，"有功归上"，做下属的只有跑腿的功劳而已。不和上司争功，甚至主动送功于上，这样的下属，才会受到上司的赏识，也才有可能真正得到褒奖和提拔。

薛道衡是隋初大文豪，隋文帝时就备受皇帝信任，担任机要职务多年。当时的许多名臣如高颍、杨素等都很敬重他，皇太子杨勇及诸王都以和他结交为荣。隋炀帝杨广虽然是个暴君，但也颇有文才，很喜欢作诗，即位后，他延揽文人入朝，薛道衡也是其中之一。但杨广重视文人，主要有两个原因：一是因为他们跟他有同好，二是因为他想要用他们来表现自己比天下文人更有才华。

隋炀帝极其自负，他曾对别人说："别人总以为我是承接先帝而得帝位，其实论文才，帝位也非我莫属。"一次，杨广做了一首押"泥"韵的诗文，命大臣们相和，别人写的都很一般，只有薛道衡所和的《昔昔盐》最为出色，其中"空梁落燕泥"一句，将人去楼空的冷落景象描写得细致入微，堪称传神。隋炀帝闷闷不乐，很是忌恨，后来终于还是忍不住，找了个理由把薛道衡杀了，在杀他时，杨广还带着几分嘲弄的语气说："你还能再作出'空梁落燕泥'吗？"

和薛道衡一样，鲍照是南北朝的一位很有才华的诗人，他的诗曾被"诗仙"李白、"诗圣"杜甫所仰慕，可见其文才之高。鲍照曾在南朝宋孝武帝刘骏朝中担任中书舍人，刘骏也喜欢舞文弄墨，而且自以为天下第一，没有人可以与之相比。鲍照明白他的心思，于是在写诗作文时，故意写得粗俗不堪，以满足刘骏的虚荣心，以致当时有人怀疑鲍照江郎才尽。

鲍照故意装作"江郎才尽"，因为他知道只有这样做，才能保全自身，避免被皇帝加害。

07 先明确目标，
再施展拳脚

《三国演义》中有"良禽择木而栖，贤臣择主而侍"的话，意思是说，鸟飞累了得找棵安全的树歇着，才能睡得安稳、安全，不被猎手捕杀；能征善战的骁将得寻个知人善任的好主儿，如此方能有用武之地。现如今，"良禽"比喻人才，是指有才干、有德行的人，"木"是人才展示自己的才华、发挥自己能量的一方天地。

俗话说："人挪活，树挪死。"所以，明智的人懂得该"跳槽"时就"跳槽"。当然，"跳槽"前要做好充分的准备。要先弄清楚自己的目的，再来比较一下"旧"单位与"新"单位哪个更能满足自己的要求，然后再决定是否要主动辞职。

有的人一开始就投错了方向。如你投到袁绍、袁术、刘表、张鲁之流的门下，虽能强盛富足、耀武扬威于一时，但与之同归于尽之日也为期不远。如果你真的是田丰、沮授一类的盖世奇才，但碰到个"遇大事而惜身，见小利而忘命"的袁绍之辈，也只能是奇谋无着，死而有憾了。

领导往往能决定着一个单位的命运，其中也包括下属的命运。所以，宁要选好领导，也不挑好单位，如此才可成为贤臣良禽。例如曹操、刘备与孙权，虽说开始时并不强盛，立国之路无比艰辛坎坷，但皆是胸怀大志、腹有良谋的帝王之才，称得上是"圣木"与"明主"。如曹操数哭典韦、苦留关云长，刘备三顾茅庐、摔阿斗等，都是"圣木"的表现。坚定不移地选择曹操、刘备与孙权的将士，大多有了好的归宿，而选择其他诸侯的将士要么改弦更张，弃暗投明，要么就被消灭掉了。如果选择一个败家子打理的公司，你要么明智地丢掉饭碗，要么就等着让别人吃掉。

古往今来，人类历史上演过多少"良禽择木而栖"的悲喜剧。

在某出版社里，小冯可谓才不出众，貌不惊人，学历还是个大专，可是他年纪轻轻就做到了副总编辑。很多人都对小冯"坐升降机"式的升迁感到不解，想不通总编为何要不断提拔他？

这要从5年前说起，那时，出版社搞调整，社里遇到经济困难，又赶上一桩版权官司，如果出版社败诉，社里将雪上加霜。社里众多员工，包括几个编辑部主任都纷纷离去，当时只是总编办公室秘书的小冯坚持留下来，与总编一起为出版社存亡奋斗。

几个月过去了，版权官司还未了结，财务紧缩，员工薪水都发不出来。对于这场诉讼能否打赢，总编自己也失去了信心，他对小冯说：

"小冯，我非常感谢你的忠心，但你也知道，出版社快撑不下去了，你还是另谋高就吧！"

"总编，你要有信心啊！如果度过此劫就好办了。"

又3个月过去了，版权案结案。社里又争取到一笔贷款。先前的员工又陆续回来上班，小冯又帮社里抓了几本好稿子，出了几本好书，效益开始缓缓回升。总编感谢小冯的忠心，不忘提拔重用。他常拍着小冯的肩膀说："患难见真情，我总算找到知己了。你办事，我放心！"小冯的忠心得到了回报。

可是，故事中的小冯与出版社、总编同舟共济是否值得鼓励呢？因为出版社幸运逃过了劫难，他才得以幸运晋升；如果出版社不幸倒闭呢？这里又提出一个新问题，当公司面临困境时应该怎么办？是"树倒猢狲散"，另择高就，还是坚守"阵地"到最后？

传统的观念说，应该与单位同舟共济、共渡难关。可是，在这样压力巨大的时代，每个人都有自己的责任，员工毕竟要供养家庭，没有薪水又怎么能做到"死忠"，所谓"军中不可一日无粮草"！更何况"良禽择木而栖"原本就是无可厚非之事。

老板就是老板，没有哪个老板会改变观念来适应部属。常在电影或戏剧里看到，部属和上司顶撞而产生争吵，最后部属占了上风，但这毕竟是在"纯属虚构"的影片里，在现实生活中并不多见。因为即使你在道理上、事实上占了优势，但发觉自己错了的老板，也不能容忍他的威信和尊严受到挑战。在这样的情形下，你的日子会不会好过呢？不好过的日子，你是不是就得另寻"良木"而栖呢？

换一种情形来说，本来你在这个公司干得不错，可是，突然有一天，你的老板换了，换了一个你不熟识的人。你又怎么办？绝对不要相信，新来的老板还会像原来的老板那样，信任你、授权你、关心你。我们老祖先有句很出名的话，"一朝天子一朝臣"。老员工对新老板不服气，新老板对老员工不喜欢。于是，老板就会首先对不听话的、敢和自己对着干的员工开刀了，你无德无才，不开你立威，开谁？所以，历来新老板上任，总是要开除一批人，安排上自己的亲信。之所以现在隐忍不发，只是时机未到罢了，一年两载，总会把牌洗干净的。你不如赶紧给自己安排后路，除非你能迅速地赢得新老板的青睐。

良禽择木而栖，这是一个谁都能接受的观念。调查显示，对于自己的老板，如果认为他不好，有40%的员工会在一年内寻找新的工作。所以，不必因"择良木"而羞羞答答。

如果你的老板常犯以下错误，你就要考虑另择木而栖了：

第一，动不动就"炒人"。为老板工作，无非是为了赚两餐并希望有安定的日子过，所以"安全感"对打工者是很重要的。如果老板常常因为对员工表现不满意，就借故"炒员工鱿鱼"，或动不动就以辞退员工作为威胁的话，肯定会扰乱军心，弄得人心惶惶，员工又何不先走为上招儿呢？

第二，过分"干涉"与"控制"。"用人不疑，疑人不用"，但很多老板还是不能潇洒地做到这一点，常设法背后干涉或"操纵"员工的工作，处处监督员工的一举一动，有哪个员工愿意为这样的老板效劳？员工要有空间与机会发挥才能，有满足感与成就感才会心甘情愿地留下，否则就会走人。

第三，不为员工着想。大多数老板有了一定的经济实力以后，会考虑为员工提供一些福利。但他们好自以为是，根据自己的经验与判断，实施一些认为对员工有好处的安排、政策或福利。实行后，员工却发现对自己一点好处都没有，基本的保障也没有，谁还留下呀！

试问一下自己："我会为这样的老板打工吗？"如果是否定的话，就赶紧规划一下自己的下一步，该跳槽就跳槽。毕竟自己的生存和发展才是最重要的。

08 善于抓住
和利用机会

　　成功者面对困境时善于变通，会暗中留有后路，抓住和利用机遇，左右逢源。当然，这与他们丰富的经验和善于思考是分不开的。无论是在工作还是生活中，能够左右逢源、善于变通的人，便可以游刃有余，无往不利。

　　社会是一个大家庭，人际关系复杂多变，尽管很多时候我们想要保持自己的个性，不想被环境所左右，可是大局势已经摆在那里了，如果你还不懂得应变，就只有死路一条了。与其被动变化，倒不如在看清事情发展方向的时候，就主动改变自己，让自己因时而动，因事而动，使自己最终立于不败之地。

　　《红楼梦》中的大观园就是这样一个人际关系复杂、做人难的地方。别看它一时富丽堂皇、景色优美，但生活在其中的人却个个心有委屈，惶惶度日，不得不有一些特别的心计。就拿平儿来说，虽然自己是一个聪明伶俐、长相清俊的上等女孩，但是却落到了贾琏、王熙凤的手里，一个俗得要命，一个心狠手辣，夹在这样的两人中间，左右难得做人，经常无故受到伤害。这一点就连宝玉都时常感念，叹她没有父母兄弟姊妹，独自一人应付贾琏之俗，凤姐之威，竟能周全妥帖，真是比黛玉更薄命。

说白了，平儿就充当了"暴君"手下"二把手"的角色。在王熙凤掌管大观园生死大权的日子里，平儿的地位既优越又尴尬。说优越，是因为她是贾琏的爱妾，凤姐的心腹，里里外外，谁敢不敬她三分？要说尴尬，自然是够尴尬的了，除了替二位主子干事不得人心之外，她自个儿并无威势，身不由己，不得不做些违心的事，说些违心的话。在这种情况下，关键就看平儿如何在委曲求全中把握自己，在忍辱负重中照顾周全了。虽然不能在人生的一时一地争强好胜，但愿能在审时度势时保全自己。

之所以说平儿是一个"聪明伶俐"的女孩，除了她做事不流于俗蠢之外，还在于她有自知之明和知人之明。就后者来说，她明白贾琏夫妇的为人，更明白众人对他们，尤其是对王熙凤的憎恶之情。对于王熙凤，或许她比任何人都了解得透彻。除了看到了她的口蜜腹剑、心黑手辣一面之外，还深知其内心之痛苦，对前途惶惶不可终日的一面。

平儿虽是凤姐的心腹和左右手，但在为人处世方面却一直在抽头退步，为自己留余地留后路，绝没有犯凤姐所说的"心里眼里只有了我，一概没有别人"的错误。她更不像凤姐那样把事做绝，把自己放在十分险恶、尴尬的位置。如果说平儿的让人感念有什么诀窍的话，那么此处便是。她对凤姐要事事顺着，让凤姐信任她，但是对于众人，她决不依权仗势，趁火打劫，而是时常私下进行安抚，加以保护。这样一来，一方面缓和化解了众人与凤姐的矛盾，另一方面自己也做了好人，为自己留了余地和退路。例如在第39回中，正值众姐妹一起坐着吃酒，平儿喝了一口就要走，原本是怕凤姐不开心，但是在李纨出口说道："偏不许去，显见得只有凤丫头，就不听我的话了"的情况下，又正碰上婆子来传凤姐的话，劝平儿少喝点酒早点回去，平儿就显得毫不含糊，即口应付："多喝了又把我怎么样？"坐下来只管喝只管吃，顺应了众姐妹的意思，并非眼里心里只有"楚霸王"式的凤丫头。再比如在很多情况下，平儿在处理一些事情时，就比凤姐宽容得多，能得饶人处且饶人，结果赢得了上上下下的人心。李氏曾对平儿说道："有个凤丫头，就有个你。你就是你奶奶的一把总钥匙。"殊不知，平儿待人接物倒有一把自己特殊的钥匙。

话又说回来，这"抽头退步"原本是王熙凤的话语，道理浅显易懂，但是王熙凤一生拼死拼活，至死也没有真正做到"抽头退步"。她自始至终心系利欲和权势，所以"抽头退步"对她来说，始终是一种人生策略和权宜之计；而平儿与王熙凤不同，她虽然也无法彻底摆脱利害之地，但是内心的善良，叫她对大观园中的人生悲剧有着更深的体验，知道人如果利欲迷心，图财害命，必不会有人生的好滋味和好结果。正因深谙此道，所以凤姐死后，大观园一片败落，平儿却多次获得众人帮助渡过难关。

现代社会很多人抱着"清者自清，浊者自浊"的心态看待公司办公室里的明争暗斗，以为只要能独善其身就可以远离是非。但实情是，办公室里没有可以明哲保身的人，只要身在办公室，便是处在风暴圈，没有所谓的"台风眼"可以容身。很多人都天真地相信，只要自己有真才实学，专业过人，工作脚踏实地，又不惹是生非，总有一天老板会注意到自己这块璞玉。然而，结果往往事与愿违，因为专业不是升迁的唯一标准，躲在电脑后面，不与同事交流，不与领导交流，即使他的专业技能再好，也很难有机会成为领导者、管理者。

上班族应该认清办公室政治没有旁观者的事实，这是一场你不下场参赛就会自动被判出局的游戏。想要独善其身的人，下场可能是被大家遗忘，甚至说不定哪天你就得卷铺盖走人。当然，这不是鼓吹上班族在办公室里兴风作浪，你可以不必下场参与混战，但却必须保持消息灵通，随机应变。自古以来，中国人都讲究中庸之道，在办公室生存，亦需遵循此道。

当今社会，不但要求你会做人，而且要求你会办事。因为这个社会，已经发展得非常注重效率。擅长解决问题的人，就是会办事的人。做人要时刻注意为人处世的原则、方法和技巧，要善于应对不善交际、无法协调好人际关系、不能较好地把内在的美德变成外在的美行等问题，学会把个人体面地融合在群体之中。这样，你就朋友多多，道路通畅，做起事来也就顺风顺雨了。

09 多疑和
敏感要不得

　　有一个人丢失了一把斧子，他怀疑是邻居家孩子偷的。于是，他看那个孩子，走路像偷斧子的，表情像偷斧子的，说话像偷斧子的。无论干什么，都像是偷斧子的人。

　　不久，他在山谷里挖地，找到了那把斧子。过了几天再见到邻居家孩子时，发现那孩子的哪一个动作都不像是偷斧子的人。

　　在生活中，有太多这样多疑的人。他们自我孤立、过度敏感、情绪紧张，整天提心吊胆、小心翼翼、谨言慎行，从不走近别人，也拒绝别人走近自己，更怕被别人拒绝。以至于一件微不足道的小事，一个随意的动作和眼神，一句无心的话，到了他们那里，都可能引发一场严重的紧张和不安。

　　多疑，是一个人精神上的瘫痪，是身心健康的"隐性杀手"。它像一颗毒瘤，不断地腐蚀人的思想，使人丧失理智，以主观、片面、刻板的思维逻辑来主导自己的推理，毫无根据地进行判断。

多疑的人从不肯对任何人付出自己的信任。如果你在工作或生活中，总以多疑、敏感的态度与他人交往，长此以往，别人就会因为无法忍受你的这种敏感和多疑而疏远你，最终落得众叛亲离、自怜自艾的悲惨下场。

一个才华横溢的年轻人在4年的时间内换了7家公司，并非他的业绩太差、能力不够，而恰恰相反，每次他都仅用几个月的时间就从销售员做到市场总监。他频频跳槽的真正原因是他总觉得随着自己业绩的提升，老总对他越来越不信任，同事也个个排斥他。"每次我都陷入四面楚歌的地步，我怎么能继续留在那里呢？"他气愤地说。

成功学大师拿破仑·希尔说，真正能使一个人成功的不是多疑，而是信任。只有信任他人，才能在与人相处时保持理性和智慧，才能把自己的精力放到真正有意义的事情上，而不是浪费在疑神疑鬼上。信任他人才会获得他人的信任，怀疑他人只会使自己遭受别人的怀疑。

没有人愿意与一个好猜疑别人的人交往。如果你是一名管理者，那么你的多疑就会迫使你给员工过多的负面评价，使员工的工作变得越来越消极。要想跳出这个怪圈，就必须摒弃多疑和敏感，让自己变得理智。

10 永不放弃，
才能柳暗花明

　　有一位刚毕业的大学生，到一家在世界上都非常有名的公司里去应聘。总经理感到疑惑不解，因为公司并没有刊登招聘广告。年轻人解释说自己是偶然路过这里，便想进来试试。总经理觉得这个年轻人很有趣，破例给他了一次面试的机会。但面试的结果却让总经理非常失望。年轻人对总经理说这是因为事先没有任何准备的缘故。但总经理觉得他不过是给自己找个借口而已，就说："那等你准备好了再来吧。"

　　一周后，年轻人再次走进这家公司的大门，这次仍没有通过面试，虽然这次他的表现比上次好些，但距公司的用人标准还相差很远。就这样，在两年的时间里，这个年轻人先后8次踏进这家公司的大门，最终被公司录用。总经理对他这种坚持不懈的精神所感动，把他作为公司的重点对象来培养。

　　正是因为有着永不放弃的精神，才造就了无数的成功人士。

　　有一位商人子承父业做珠宝生意，但他缺乏父亲对珠宝行业的明察秋毫，没几年就把父亲留下的珠宝店赔光了。

后来他改行做起了服装生意，但最终又因无法把握市场潮流而赔得精光。后来他变卖了服装店，用剩下不多的资金开了家饭店，结果又亏了本。再后来他又尝试做了化妆品生意、钟表生意、印染生意，都无一例外地失败了。

这时他已两鬓灰白。他盘算了一下自己的家底，所有的钱仅够买一块离城很远的墓地。他想，既然自己再无能力创造财富，就买块墓地给自己吧。

这是一块极其荒僻的土地，离城有5公里，不用说有钱人，即使是一些穷人也不买这样的墓地。

可是奇迹发生了，就在他办完这块墓地产权手续后15天，这座城市公布了建设环城高速路的规划。他的墓地恰处在环城路内侧的一个十字路口，因而涨了好多倍。他先是惊讶，后来顿悟，为什么不做房地产生意呢？他卖了那块墓地，又购进了一些有升值潜力的土地。5年之后，他成了全城最大的房地产业主。

"坚持就是胜利"人人都知道，但在遇到挫折时很多人都会忘记。

进取心是成功的根本，没有一种向上向前的进取态度，任何成功都无从谈起。但进取既要有即知即行的"道根善骨"，也要有坚持到底的毅力。

许多人做事情，起初都能够付诸行动，但是，随着时间的推移、难度的增加，以及气力的耗费，大多数人便开始产生松懈思想和畏难情绪，接着便停滞不前以至退避三舍，最后放弃了努力。

的确，一些人之所以没成功，并非他们没有努力，而是他们在遭遇到困难之后，在接近成功的时刻放弃努力了。而最后成功的人，总是抱着"成功就在下一次"的信念，继续努力，最终柳暗花明。

著名作家歌德说过："不苟且地坚持下去，严厉地驱策自己继续下去，就是我们之中最微小的人这样去做，也很少有人不会达到目标。因为坚持的无声力量会随着时间而增长到没有人能抗拒的程度。"

成功的到来，总是需要时间的，因此坚持就显得极其重要了。有的人成功，就因为他比别人多坚持了一下；另一些人失败，也只是因为他没能坚持到最后。

事实上，每遇到一次挫败，就动摇一次信心，这是人之常情。但是伟人之所以与凡人不同，就在其动摇信心的同时，会说服自己再次树立信心。

许多历经挫败而最终成功的人，他们所经历"熬不下去"的时候，比任何人都要多。但是，即使感到"已经熬不下去"时，也不会放弃，咬咬牙坚持下去，虽然是愈战愈败，但依然愈败愈战，终于在最后一刻，看到了胜利的曙光。

其实，当你已经下定决心为自己的目标奋斗下去时，就连艰辛的付出也会变得让人心旷神怡。但如果只是浅尝辄止，畏惧退缩，你所能得到的只是一连串的沮丧和失意。最后，你甚至会失去生活和工作的乐趣。

因此，人生的"关键"时刻，往往是生命的紧张和痛苦汇集到一起来的时候，你必然会比平时感到加倍难受。但这是好事而不是坏事。如果缺少生命颤抖般的战栗和挣扎感，那就意味着你还没有触及成长的关键点，最终难以有所成就。所以，你要勇于承担那种"建设性痛苦"。

1948年，牛津大学举办了一个"成功秘诀"讲座，邀请丘吉尔前来演讲。当时，他刚刚带领英国人赢得了反法西斯战争的胜利。他是在英国人最绝望的时期上任的。他不仅是一名杰出的政治家，而且是一个著名的演讲家。

新闻媒体早在3个月前就开始炒作，大家都对他翘首以盼。这天终于到来了，会场上人山人海。大家都准备洗耳恭听这位伟人的成功秘诀。

不料，丘吉尔的演讲只有短短的几句话：

"我成功的秘诀有三个：第一是，决不放弃；第二是，决不、决不放弃；第三是，决不、决不、决不能放弃！我的讲演结束了。"

说完就走下了讲台。会场上鸦雀无声。一分钟后，会场上爆发出了雷鸣般的掌声……

这是一个何等震撼人心的总结啊！

卡耐基曾说："朝着一定目标走去是'坚'，一鼓作气地在途中决不停止是'持'。一切事业的成败都取决于此。"失败者的悲剧，就在于被前进道路上的迷雾遮住了眼睛，他们不懂得坚持一下就会豁然开朗，结果在胜利到来之前的那一刻就放弃了，因而也就失去了应有的荣誉。

11 有付出
才有收获

　　甲乙两人死后来到阴曹地府，阎王查看功过簿后说："你二人前世未作大恶，准许投胎为人。但是现在只有两种人可供选择：付出的人与索取的人。也就是说，一个必须过付出、给予的生活；另一个则必须过索取、接受的生活。你们可要慎重选择。"

　　甲暗忖，索取、接受，就是坐享其成，太舒服了。于是他抢先道："我要过索取、接受的生活！"

　　乙见此情景，也没有别的选择，就表示甘愿过付出、给予的生活。

　　阎王按其所愿，当下判定二人来世前途："甲过索取、接受的人生，下辈子当乞丐，整天向别人索取，接受别人的施舍。乙过付出、给予的人生，来世做富翁，布施行善，帮助别人。"

　　只有乞丐才会整天向人索取，接受别人的施舍。要想拥有成功、财富、机遇和名誉，要想使自己的一生有意义，就必须不断地付出和给予。

　　可是在现实生活当中，人们更喜欢索取而不是付出。他们总希望能找到一份不用出力、没有任何风险，却能得到高薪酬的工作；他们总希望顾客能够对自己企业生产的质次价高的产品毫不犹豫地掏出钱包……一旦其愿望无法达成，他们就抱怨老总太苛刻，抱怨客户太难缠。殊不知，只有付出了自己的时间、精力、知识、汗水甚至鲜血，才能够收获成功和赞扬。

一个盲人在夜晚走路时，手里总提着一个明亮的灯笼。别人看了很好奇，就问他："你自己看不见，为什么还要提灯笼走路？"盲人说："我提着灯笼并不是给自己照路，而是为别人提供光明，帮助别人。我手里提上灯笼，别人也容易看到我，不会撞到我身上。这样就可以保护别人的安全，也等于帮助自己。"

"只有付出光明，才能收获安全。"这就是生活的真谛。不管是实现个人成长，还是成就企业辉煌，只有播下付出的种子，给人以你所能给予的，才会获得你想要的。

付出、给予，是我们立身成人之本。我们懂得付出，就永远有可以付出的资本；我们贪图索取，就永远有索取的企求。付出越多，收获越大；索取越多，收获越小。

职场上，有些人总是将个人利益与集体利益之间的界线划分得一清二楚，他们在工作中总是表现出一副例行公事的架势，只知道获取一分报酬才付出一分努力。

这种自私自利一开始可能只是为了争取个人的小利益，但久而久之，当它变成一种习惯时，就会使人变得心胸狭窄。这不仅会对老板和公司造成损失，更会扼杀你的创造力和责任感。

付出多少，得到多少，这是一个基本的社会规则。也许你的付出没有立刻得到回报，但不要因此气馁，一如既往地付出，回报可能会在不经意间以意想不到的方式出现。

　　有些人通常会想："公司和老板为我做了些什么？"而那些富有远见的人则会想："我能为老板做些什么？"付出与回报永远是对等的。如果只想要丰厚的收获，却吝于付出，其结果只能得不偿失。所以，要想取得成功，必须付出更多，才能获得更多。

　　有些人总是以一种消极被动的心态来对待工作，上班工作懒懒散散，下班回家也无所事事。他们不是没有自己的追求，而是一遇到困境就半途而废，因为他们缺乏一种精神支柱。

　　但有的人却能以积极乐观的心态对待工作，全力以赴，不计较眼前的一点利益，不偷懒混日子，即使他现在的薪水十分微薄，将来也一定会有所收获。注重现实利益本身并没有错，问题在于现在的一些员工目光短浅，他们忽略了个人能力的培养，在现实利益和未来价值之间没有找到一个平衡点。

　　只有付出越多，收获的才会越多。只要你懂得如何去付出，上苍就会赐给你一份"惊喜"的大礼，如果想不付出就有收获，想不劳而获，那只能是异想天开。

12 鞭策自己
不断进步

　　有一个人很爱下棋，常与街坊四邻用瓦盆做赌注，他的棋艺不错，所以总能赢得很多瓦盆。一个财主知道后，要他拿着自己的黄金做赌注和一些达官贵人们博弈，以便帮助自己赢得更多的黄金。但结果却出乎所有人的意料，他大败而归。财主很生气，问他为何输多赢少，他说："并非达官贵人棋艺精湛，实际上他们还不如我的邻居们一半的棋艺。问题的根源在于赌注是黄金而不是瓦盆。"

　　人们可能会问："为什么用瓦盆做赌注，技艺可以发挥得淋漓尽致，而用黄金做赌注，则大失水准呢？"

　　其实这是一个很简单的道理，如果做事过度用力或意念过于集中，本来可以轻松完成的事情却可能被弄糟。太想写好字时手总在颤抖；太想踢进球时脚总不听使唤；太想尽快打印出文件时总出错误；太想向老板汇报完工作时总紧张得说不出话；太想率领企业抓住千载难逢的市场机会时总是决策失误……

　　我们应该把成功作为一种激励我们向前的动力，而不应让它成为捆绑在我们身上的沙袋。所以，不管什么时候，心态都要平和，因为太在乎、太看重的最终结果就是失去了做出判断的果敢和继续前进的勇气。

成功不仅需要有热情和激情，更需要有平和恬淡的心态。只有把黄金当做瓦盆，把糟糕的后果看做与己无关，才不会受到巨大的牵累和莫名的恐惧的羁绊。

当你被急功近利的心态所控制时，当你面临严峻的考验，紧张得手心出汗时，请告诉自己：水穷之处待云起，危崖旁侧觅坦途。

人总是有惰性的，有一些人取得了一定的业绩和荣誉之后，就会在光环的照耀下停止了前进的脚步，信念逐渐消失，期望慢慢降低，勇气渐渐减弱，积极和敏锐变成了懒散与麻木。

大凡在事业上有所建树的人都同贝利一样，有着永不满足、不断进取的精神。

"球王"贝利在足坛上初露锋芒时，有个记者曾问他："你觉得，自己哪个球踢得最好？"

他回答说："下一个！"

当贝利在世界足坛上大红大紫、踢进1000个球之后，记者又问他同样的问题，而他的回答仍旧是："下一个！"是的，人生最精彩的部分永远是在下一次。永远对未来充满憧憬，才能以更好的心态去面对、去希望，然后用这种满怀希望的心态做事，才能取得更大的成就。

在面对工作、事业时，我们也应该以这样一种平和的心态来面对，只有这样才能在下一次的竞争与挑战中取得更为辉煌的成就。

对于尽职尽责的人来说，卓越是惟一的工作标准。他们不会满足于现在所做到的，而是追求更高的目标，更高的位置，为他人创造更多的价值。每个人的身上都蕴涵着无限的潜能，如果你能在心中给自己定一个较高的标准，激励自己不断超越自我，那么你就能摆脱平庸，走向卓越，走向下一次更大的成功。

纳迪亚·科马内奇是奥运会史上第一个赢得满分的体操选手，在1976年蒙特利尔奥运会上她用近乎完美的表现征服了所有的裁判和观众，让整个世界为之疯狂。

比赛结束后，纳迪亚·科马内奇在接受采访时，谈到为自己设定的标准，她说："我总是告诉自己，'我能够做得更好'，鞭策自己更上一层楼。要拿下奥运金牌，就要比其他人更努力才行。对我而言，做个普通人意味着必定过得很无聊，一点儿意思也没有。我有自创的人生哲学：'别指望一帆风顺的生命历程，而是应该期盼成为坚强的人。'"

一个人只要不停止前进的脚步，有改变自我、改变现状、追求进步的勇气，就一定能够让自己的生活变得充实起来，使自己的人生价值得到实现。

平庸的人之所以平庸，在于他们有一个平庸的标准。只有把卓越当成自己的标准，不断告诉自己"我一定能够做得更好"，才能鞭策自己不断进步，充分施展自己的才能，将工作做得尽善尽美。